AF346994

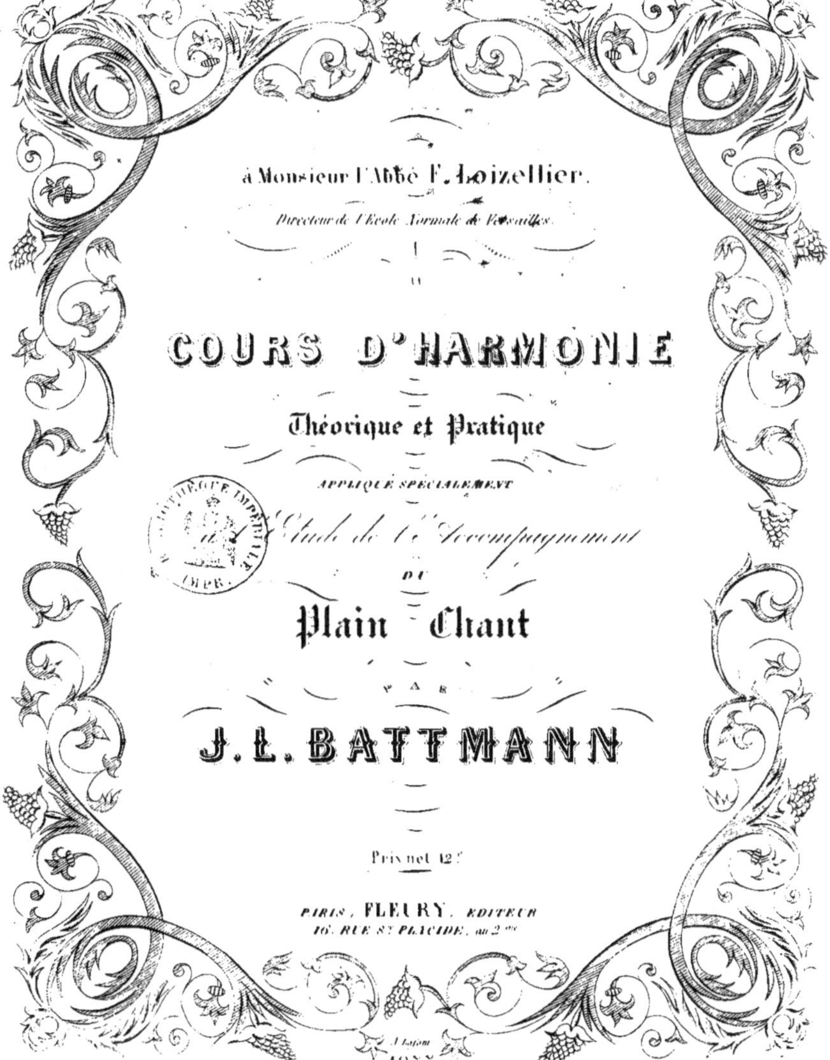

à Monsieur l'Abbé F. Loizellier,
Directeur de l'École Normale de Versailles.

COURS D'HARMONIE
Théorique et Pratique
APPLIQUÉ SPÉCIALEMENT
À l'Étude de l'Accompagnement
DU
Plain-Chant
PAR
J. L. BATTMANN

Prix net 12 f.

PARIS, FLEURY, ÉDITEUR
16, RUE St PLACIDE, au 2me

1855

BIBLIOTHÈQUE IMPÉRIALE

1

PRÉFACE.

Les **Méthodes** pour apprendre à accompagner le **Plain-chant** ne manquent pas, mais les unes ne contiennent que le **Plain-chant** tout arrangé, tout harmonisé, de manière à ce que l'organiste n'ait qu'à le toucher comme un simple morceau de piano. Ce ne sont pas, à proprement parler, des méthodes, et les ouvrages de cette nature ne s'adressent qu'à ceux qui ne veulent pas ou qui ne peuvent pas, avec une véritable méthode, apprendre à accompagner le Plain-chant à livre ouvert. (1).

D'autres sont trop scientifiques et il serait difficile, sinon impossible, à quelqu'un qui n'aurait pas un maître pour le diriger, d'apprendre à mettre en pratique les règles que l'on y donne et qui, la plupart du temps, ne sont accompagnées d'aucun exemple.

D'autres enfin — et ce sont celles que je repousse d'une manière toute particulière — apprennent à accompagner le Plain-chant en mettant le CHANT à la basse; cette manière de faire est, selon moi, contre la nature: un chant de basse de huit, seize ou trente deux mesures dans un morceau de piano, dans un morceau d'orgue (*quand l'organiste est fort pédaliste et capable, par conséquent, de l'exécuter nettement,* et surtout dans une composition à grand orchestre, fait un effet magnifique, admirable, quand il est heureusement trouvé; mais faire de l'exception la règle est, je le répète, contre la nature. Un chant, quel qu'il soit, doit toujours être à la partie supérieure, et y a-t-il des chants plus admirables de simplicité que la plupart de ceux contenus dans les livres de Plain-chant? Que l'on parcoure l'Alsace, que l'on parcoure toute l'Allemagne, la terre classique de l'harmonie et la patrie des plus grands organistes, on n'en entendra pas un seul se permettre de mettre le chant à la basse; cette manière d'accompagner n'est admise que dans l'intérieur de la France et si, par exception, quelques organistes hors ligne et grands artistes accompagnent le Plain-chant de cette façon avec une harmonie pure et régulière, le plus grand nombre accumule les fautes d'harmonie de telle sorte qu'il m'est arrivé très souvent de me sauver de l'église en les entendant.

Par ce qui précède on voit déjà que mon plan est de donner des règles qui apprendront à accompagner le Plain-chant en mettant la mélodie à la partie supérieure; ces règles iront du simple au composé et je tâcherai de les formuler le plus clairement possible en accompagnant chacune d'un ou de plusieurs exemples.

Quelques organistes — et dans le nombre il y en a qui ont une grande réputation — n'accompagnent le Plain-chant qu'avec des accords parfaits, prétendant que l'harmonie moderne, comme ils l'appellent, nuit à la beauté et à la majesté des chants sacrés. Ma manière de voir est diamétralement opposée à la leur, car je prétends que la succession continuelle d'accords parfaits ne produit que la monotonie; je ne vois pas, du reste, pourquoi on ne profiterait pas, pour l'accompagnement du Plain-chant, des immenses et magnifiques ressources que l'harmonie met à notre disposition.

Il est un autre point essentiel que je tiens à ne pas laisser passer sous silence: c'est celui de la note sensible dans les tons mineurs; souvent elle ne se trouve pas marquée dans les livres de Plain-chant et certains organistes, pour ne rien changer, pour éviter de mettre un dièze ou un bécarre, laissent exister le ton entier du septième au huitième degré de la gamme; c'est une monstruosité! Ou on est, par exemple, en RE *mineur* ou on n'y est pas; si on y est pourquoi ne pas faire DO ♯ quand ce DO monte au RE et que ce RE se trouve sur un repos? Est-ce être agréable à Dieu que de torturer les oreilles des fidèles en omettant une note sensible demandée par la nature, sous le mauvais prétexte que cela rend le Plain-chant trop sensuel? Dans un chapitre particulier je parlerai de cela plus longuement et j'en donnerai de nombreux exemples.

Je ne parlerai que pour mémoire des organistes dont le goût est assez perverti pour qu'ils se permettent d'accompagner le Plain-chant dans le STYLE FIGURÉ, comme ils l'appellent. J'en connais dont le style figuré consiste à faire passer, sur une phrase que chante le chœur, une foule de fioritures et de gammes chromatiques, tantôt à la main droite, tantôt à la main gauche; c'est le mauvais goût porté au plus haut degré et si je ne suis pas partisan de ceux qui n'admettent que les accords parfaits pour l'accompagnement du Plain-chant je le suis encore bien moins de ceux dont je viens de parler.

Donner aux organistes et aux amateurs les règles et les moyens nécessaires pour apprendre à accompagner les chants sacrés avec une harmonie pure, régulière et majestueuse, mais ni monotone ni mondaine, tel a été mon but en écrivant cet ouvrage. Puisse-t-il contribuer à rehausser l'éclat de nos belles cérémonies religieuses! c'est là mon unique désir.

---

(1) J'ai fait moi-même un ouvrage paraître en harmonisant les proses et les messes les plus usitées du diocèse de Besançon. Un volume broché de 88 pages in-4° ... s'adressez à l'école normale de Vesoul ou aux principaux libraires et marchands de musique du Doubs et de la Haute-Saône. Prix *net:* **7f 50.**

CHAPITRE I.er

DES DIFFÉRENTES ESPÈCES DE GAMMES. — FORMATION DES GAMMES DIATONIQUES MAJEURES ET MINEURES. — GAMME CHROMATIQUE. — GAMME ENHARMONIQUE.

On peut regarder les sept notes DO, RE, MI, FA, SOL, LA, SI comme l'alphabet musical ; quand on ajoute à ces sept notes le DO supérieur et qu'on les écrit sur une portée de la manière suivante elles forment une GAMME.

Ex: 1.

Il y a trois espèces de gammes: la gamme DIATONIQUE, la gamme CHROMATIQUE et la gamme ENHARMONIQUE. Une gamme est diatonique quand elle est composée de TONS et de DEMI-TONS.

Il y a deux sortes de gammes diatoniques: les gammes MAJEURES et les gammes MINEURES.

GAMME DIATONIQUE MAJEURE. Dans la gamme diatonique majeure les tons et les demi-tons n'ont pas été placés d'une manière arbitraire mais ils se trouvent disposés de la manière suivante par la nature même : 1 TON de DO à RE, 1 TON de RE à MI, ½ TON de MI à FA, 1 TON de FA à SOL, 1 TON de SOL à LA, 1 TON de LA à SI, et ½ TON de SI à DO.

Ex: 2.

Remarquez que cette gamme se compose de huit notes et que si nous donnons à chacune d'elles un numéro d'ordre, comme dans l'ex: 3, nous pourrons dire qu'il y a 1 ton du premier au deuxième degré de cette gamme, 1 ton du deuxième au troisième, ½ ton du troisième au quatrième, 1 ton du quatrième au cinquième, 1 ton du cinquième au sixième, 1 ton du sixième au septième, et ½ ton du septième au huitième.

Ex: 3.

La gamme diatonique se compose donc, comme on peut s'en assurer par cet exemple, de CINQ TONS et de DEUX DEMI-TONS ; les tons se trouvent de 1 à 2, 2 à 3, 4 à 5, 5 à 6 et 6 à 7 ; les demi-tons de 3 à 4 et de 7 à 8.

Toute gamme diatonique majeure, quelle que soit la note par laquelle elle commence, doit avoir ses tons et ses demi-tons disposés dans le même ordre. On comprendra facilement que si, au lieu de commencer la gamme par DO, on la commençait par une autre note tous les intervalles changeraient de place, et les tons et demi-tons ne se trouveraient plus sous le numéro d'ordre qui leur est assigné par la nature. Ainsi, si nous la commencions par SOL, comme dans l'ex: 4, la gamme se trouverait juste jusqu'au sixième degré, mais là nous ne trouverions qu'un demi-ton de 6 à 7 au lieu d'un ton qu'il faudrait et, par contre, un ton de 7 à 8 au lieu d'un demi.

L'oreille serait grandement choquée si on chantait ou si on jouait la gamme de cet exemple comme elle est notée à cause du déplacement des intervalles du sixième au septième et du septième au huitième degré; pour y remédier on est obligé de mettre un dièze (♯) devant le FA et alors cette gamme est pareille à la gamme modèle de DO car de MI à FA♯ il y aura un ton et de FA♯ à SOL un demi-ton.

Comme chacune des sept notes de l'échelle musicale peut se trouver dans le cas d'être affectée d'un ♯ ou d'un ♭ nous devons trouver le même nombre (sept) de chacun de ces accidens. Pour trouver les ♯ suivans dans l'ordre voulu (de cinq en cinq notes en montant, comme on pourra s'en convaincre quand toutes les gammes seront faites) nous n'aurons qu'à commencer une nouvelle gamme avec chacune des notes qui composent celle de DO, mais il faut que ces notes soient prises dans un ordre déterminé; remarquez que la gamme de SOL, la seconde que nous avons faite (EX:5) commence cinq notes plus haut que celle de DO; cela nous conduit à poser la règle suivante : POUR TROUVER UN DIÈZE DE PLUS LA GAMME SUIVANTE DOIT COMMENCER CINQ NOTES PLUS HAUT QUE LA PRÉCÉDENTE. Cinq notes plus haut que SOL on trouve RE, c'est donc par RE que nous commencerons la gamme dans laquelle nous trouverons DEUX DIÈZES.

Cinq notes plus haut que RE, en LA, nous trouverons TROIS DIÈZES:

Cinq notes plus haut que LA, en MI, nous en trouverons QUATRE:

Cinq notes plus haut que MI, en SI, nous en trouverons CINQ:

Cinq notes plus haut que SI, en FA ♯, nous en trouverons SIX; remarquéz que j'ai dit FA ♯ et non pas simplement FA, par la raison que nous connaissons déjà un dièze portant ce nom. Dorénavant, et toutes les fois que nous trouverons, pour commencer la nouvelle gamme, une note dont nous connaîtrons déjà le ♯ ou le ♭, ce ♯ ou ce ♭ feront partie intégrante de cette note.

Remarquez aussi qu'au septième degré de cette gamme le MI, haussé d'un demi-ton, n'est autre chose que FA NATUREL; il faut donc encore mettre un ♯ devant le FA du huitième degré pour avoir un demi-ton de 7 à 8. Ce second FA ♯ n'est que la répétition du premier et ne compte par conséquent pas dans le nombre. La même chose se présentera du SI ♯ au DO dans la gamme suivante.

Cinq notes plus haut que FA ♯, en DO ♯, nous trouverons le septième et dernier dièze .

EX:11 .

En récapitulant les gammes que nous venons de construire on voit que nous avons trouvé les dièzes dans l'ordre suivant et de cinq en cinq notes en montant, comme je l'ai dit plus haut :

EX:12

Pour trouver les sept bémols il faudra opérer de la façon contraire, c'est à dire descendre de cinq en cinq no_ tes pour trouver la gamme suivante au lieu de monter comme nous l'avons fait pour les dièzes; les bémols eux _mêmes se trouveront de cinq en cinq notes en descendant. Ne perdez toujours pas de vue que quand nous connaîtrons un bémol portant le même nom que la note de la nouvelle gamme, ce bémol devra accompa_ gner la note; c'est ainsi que la seconde gamme bémolisée sera SI ♭, et ainsi de suite .

Remarquez qu'au quatrième degré de l'ex : 18 DO ♭ n'est autre chose que SI NATUREL; il y avait donc UN TON ET DEMI entre DO ♭, et RÉ NATUREL, et c'est pour n'avoir QU'UN TON, comme il le faut de 4 à 5, que nous avons mis un bémol devant le RÉ. La même chose a lieu entre FA ♭ et SOL dans l'ex : 19 .

En récapitulant les gammes bémolisées on voit que nous avons trouvé les bémols dans l'ordre sui_ vant, de cinq en cinq notes en descendant .

EX 20

Tout morceau de musique majeur est tiré d'une des gammes majeures dièzées ou bémolisées que nous venons de faire. Seulement, quand il est tiré d'une autre gamme que celle de DO, au lieu de met_ tre devant chaque note les dièzes ou les bémols que cette gamme comporte on les met immédiate_ ment après la clef. On dit alors, quand il y a par exemple FA ♯ à la clef, que le morceau est en SOL MAJEUR, parceque c'est dans la gamme qui commence par SOL que l'on a trouvé ce dièze; on dit, quand il y a SIX dièzes à la clef, que le morceau est en FA ♯ MAJEUR, parceque c'est dans la gamme qui commence par FA ♯

que l'on a trouvé ces six dièzes, on dit, quand il y a QUATRE bémols à la clef, que le morceau est en LA MAJEUR, parceque c'est dans la gamme qui commence par LA que l'on a trouvé ces 4 bémols, et ainsi de suite.

Nous verrons plus loin qu'avec un certain nombre de dièzes ou de bémols à la clef on peut aussi bien être dans un ton mineur que dans un ton majeur; quand nous en serons là je donnerai les moyens de le reconnaître.

GAMME DIATONIQUE MINEURE. La gamme diatonique mineure diffère de la gamme majeure en deux points essentiels: 1° les tons et les demi-tons ne se trouvent pas entre les mêmes degrés de la gamme, 2° la gamme descendante n'est pas pareille à la gamme montante.

Chacune des gammes majeures que nous avons faites a une gamme mineure qui lui est RELATIVE, c'est-à-dire que chacune des gammes mineures que nous allons faire sera parente et étroitement liée à l'une des gammes majeures; cette parenté ressortira clairement de la ressemblance que la gamme relative mineure DESCENDANTE aura avec la gamme majeure en ce sens que les accidents seront absolument les mêmes que ceux de la gamme majeure, tandisque, dans la gamme mineure montante il y aura deux accidens de plus.

La gamme mineure relative se trouve toujours une TIERCE MINEURE AU-DESSOUS de la gamme majeure; ainsi le relatif de DO MAJEUR est LA MINEUR; celui de SOL MAJEUR est MI MINEUR; &

Voici quelle doit être la place des tons et des demi-tons, en montant et en descendant, dans les gammes mineures: en montant UN TON de 1 à 2, un DEMI-TON de 2 à 3, UN TON de 3 à 4, UN TON de 4 à 5, UN TON de 5 à 6, UN TON de 6 à 7 et un DEMI-TON de 7 à 8; en descendant UN TON de 8 à 7, UN TON de 7 à 6, un DEMI-TON de 6 à 5, UN TON de 5 à 4, UN TON de 4 à 3, un DEMI-TON de 3 à 2, et UN TON de 2 à 1. Je prends pour exemple LA MINEUR, relatif de DO MAJEUR.

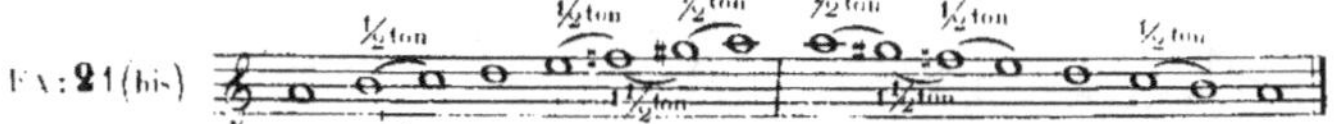

Remarquez qu'en DESCENDANT cette gamme de LA MINEUR ressemble absolument à celle de DO MAJEUR en ce sens qu'elle ne contient ni dièzes ni bémols; de plus, et comme dans la gamme de DO MAJEUR, les demi-tons se trouvent de FA à MI et de DO à SI. C'est de cette ressemblance que découle la parenté qu'il y a entre DO MAJEUR et son relatif LA MINEUR.

Remarquez, par contre, qu'en MONTANT le sixième et le septième degrés sont chacun haussé d'un demi-ton par le FA♯ et le SOL♯; ces deux dièzes ne sont qu'accidentels puisque des bécarres les font disparaître en DESCENDANT, mais ce sont eux, et surtout celui du septième degré qui serviront à nous faire connaître si un morceau de musique est en MAJEUR ou en MINEUR. En effet, dans un morceau qui n'a pas d'accidens à la clef, si on est embarrassé de savoir s'il est en majeur ou en mineur, on n'a qu'à le parcourir: si on n'y trouve point ou peu de SOL♯ et si la note la plus grave de la fin du morceau est un DO, on peut être presque certain qu'il est en DO MAJEUR; si, au contraire, la plus basse note de la fin est un LA, si, dans le courant du morceau, on trouve les SOL♯ en assez grand nombre, et surtout si ce SOL♯ se trouve dans les derniers accords, on peut être certain que le morceau est en LA MINEUR. Il est facile d'opérer de la même manière pour tous les tons.

(*) Quelques auteurs font les gammes mineures de la manière suivante:

mais le conservatoire ne les admet pas; et de fait ce ne sont pas des gammes diatoniques, la gamme diatonique doit être composée de cinq tons et de deux demi-tons, or celle de l'ex. 21 (bis) a trois demi-tons de 2 à 3, de 5 à 6 et de 7 à 8 et un ton et demi de 6 à 7.

Elle a, en outre, le désavantage de n'avoir aucune ressemblance avec la gamme de do majeur, étant pareille en descendant qu'en montant.

Voici le tableau de toutes les gammes mineures.

EX: 21. LA MINEUR, relatif de DO MAJEUR.

EX: 22. MI MINEUR, relatif de SOL MAJEUR.

EX: 23. SI MINEUR, relatif de RÉ MAJEUR.

EX: 24. FA♯ MINEUR, relatif de LA MAJEUR.

EX: 25. DO♯ MINEUR, relatif de MI MAJEUR.

EX: 26. SOL♯ MINEUR, relatif de SI MAJEUR.

EX: 27. RÉ♯ MINEUR, relatif de FA♯ MAJEUR.

EX: 28. LA♯ MINEUR, relatif de DO♯ MAJEUR.

EX: 29. RÉ MINEUR, relatif de FA MAJEUR.

EX: 30. SOL MINEUR, relatif de SI♭ MAJEUR.

EX: 31. DO MINEUR, relatif de MI♭ MAJEUR.

EX: 32. FA MINEUR, relatif de LA♭ MAJEUR.

EX: 33. SI♭ MINEUR, relatif de RÉ♭ MAJEUR.

EX: 34. MI♭ MINEUR, relatif de SOL♭ MAJEUR.

EX: 35. LA♭ MINEUR, relatif de DO♭ MAJEUR.

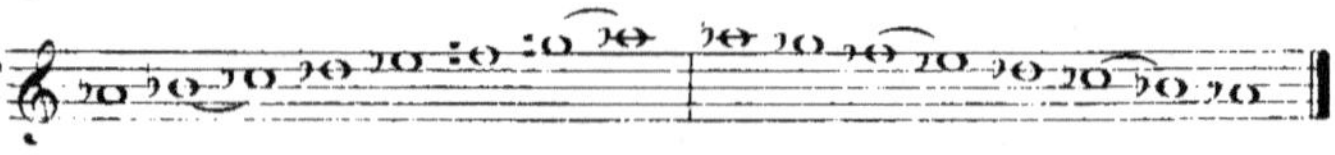

Remarquez dès à présent, et c'est une observation capitale, que dans deux gammes dont l'une majeure et l'autre mineure, toutes deux montantes et commençant toutes deux par la même note, il n'y a qu'une seule note qui ne soit pas pareille: c'est la troisième. Ainsi, entre la majeur et la mineur vous ne voyez d'autre différence que le do♯ de la gamme majeure qui se trouve naturel dans la gamme mineure; et c'est cependant de ce petit changement qui, au premier abord, paraît si peu de chose, que provient précisément l'immense différence de sensation que vous éprouvez quand vous entendez exécuter deux morceaux dont l'un majeur et l'autre mineur. Tout cela provient du changement de place du premier demi-ton qui, dans le majeur se trouve de 3 à 4, tandis que, dans le mineur, il est de 2 à 3.

Cette question reviendra du reste, et nous aurons occasion d'en parler plus longuement dans le chapitre des intervalles et surtout dans celui des accords parfaits.

Gamme chromatique. On appelle gamme chromatique une suite de notes qui se succèdent régulièrement par demi-tons comme dans l'exemple suivant; remarquez que pour obtenir les demi-tons on se sert des dièzes en montant et des bémols en descendant.

Ex: 36.

Gamme enharmonique. En jetant les yeux sur le clavier d'un piano ou d'un orgue on voit que chaque touche noire se trouve entre deux blanches; ces touches noires prennent le nom de dièzes relativement à la touche blanche qui est à leur gauche, et celui de bémol relativement à celle qui est à leur droite, de sorte que chacune d'elles porte deux noms tout en rendant le même son; c'est ainsi que do♯ et ré♭, si♭ et mi♭, etc, ne rendent qu'un seul et même son. Changer, dans l'écriture musicale, un dièze en son bémol correspondant, et réciproquement, s'appelle faire un changement enharmonique; de là le nom de gamme enharmonique donné à une suite de notes dans laquelle chaque dièze est changé en bémol et chaque bémol en dièze, comme dans l'exemple suivant.

Ex: 57.

Toutes les notes liées ensemble sont représentées, sur le clavier, par une seule et même touche; malgré cela un compositeur ne peut pas, sans faire une faute d'orthographe musicale grave, écrire par exemple, un fa♯ pour un sol♭, un fa♯ pour un mi♭, etc, parce que, en théorie, il y a une petite différence entre ces deux notes, différence que l'on peut parfaitement faire sentir avec la voix avec les instruments à vent comme la Flûte, la Clarinette, le Cor, etc; ou avec les instruments à cordes comme le Violon, le Violoncelle, etc; ainsi sol♯ est plus près de la que la♭, et le la♭ plus près de sol que sol♯. Encore une fois la voix et les instruments nommés plus haut peuvent faire sentir cette différence, mais le Piano et l'Orgue, instrumens à sons fixes, sont privés de cette faculté.

Entreprendre l'explication de ce que je viens de dire ce serait sortir du cadre et du but de cet ouvrage; cette question se représentera du reste au chapitre des intervalles augmentés et diminués.

CHAPITRE II.

DES INTERVALLES.—INTERVALLES JUSTES,
AUGMENTÉS, DIMINUÉS, MAJEURS ET MINEURS.—RENVERSEMENT
DES INTERVALLES.—INTERVALLES CONSONNANS ET DISSONNANS.

On nomme INTERVALLE la distance qu'il y a entre deux notes qui ne sont pas pareilles; les interval_
les sont au nombre de SEPT et prennent les noms de SECONDE, TIERCE, QUARTE, QUINTE, SIXTE, SEPTIÈME et OCTAVE
(1)

Quand DEUX MÊMES NOTES se suivent immédiatement cela forme un
UNISSON.

EN:38.

Si en partant d'une note quelconque, de DO par exemple, on le fait
suivre immédiatement de la 2.e note de la gamme qui porte ce nom
on obtient une SECONDE.

EN:39.

En allant de la 1.re note de cette gamme à la 3.e on obtient la TIERCE.

EN:40.

En allant de la 1.re à la 4.me on obtient la QUARTE.

EN:41.

En allant de la 1.re à la 5.me on obtient la QUINTE.

EN:42.

En allant de la 1.re à la 6.me on obtient la SIXTE.

EN:43.

En allant de la 1.re à la 7.me on obtient la SEPTIÈME.

EN:44.

En allant de la 1.re à la 8.me on obtient l'OCTAVE.

EN:45.

En continuant à partir de la même note et en haussant la seconde
d'une octave, on obtient la NEUVIÈME.

EN:46.

En haussant la tierce d'une octave on obtient la DIXIÈME, et ainsi
de suite pour la ONZIÈME, DOUZIÈME, etc.

EN:47.

---

(1) Les intervalles de *neuvième, dixième, onzième*, etc. ne sont autres que la *seconde, tierce, quarte*, etc. dont la
seconde note est haussée ou baissée d'une octave.

Tous ces intervalles peuvent se renverser, c'est-à-dire que l'on peut mettre à l'aigu, ou une octave plus haut, la note qui était au grave; alors l'unisson devient octave, la seconde, septième, la tierce, sixte, la quarte, quinte, la quinte, quarte, la sixte, tierce, la septième, seconde, et l'octave, unisson, comme le prouve l'ex: suivant!

E :48.

De l'analyse de cet exemple ressort la nécessité de bien préciser, en nommant un intervalle, si l'on part de la note supérieure ou de la note inférieure, car sans cela on pourrait fort bien comprendre, é_crire ou éxécuter SEPTIÉME au lieu de SECONDE vu que pour les nommer, on dirait pour les deux exemples: DO, RE.

En analysant sous un autre point de vue les exemples 39 à 45 on verra qu'en extrayant les inter_valles d'une gamme diatonique majeure ils sont composés comme il suit: la seconde d'UN TON, la tierce de DEUX TONS, la quarte de DEUX TONS ET DEMI, la quinte de TROIS TONS ET DEMI, la sixte de QUATRE TONS ET DE_MI, la septième de CINQ TONS ET DEMI, et l'octave de SIX TONS.

Mais souvent l'une ou l'autre des deux notes d'un intervalle, quelquefois même toutes les deux, sont affectées d'un dièze, d'un bémol ou d'un bécarre. Quand les deux notes sont affectées du même ac_cident chacune d'elles se trouve haussée ou baissée de la même quantité et l'intervalle reste le même, tandisque quand l'une des deux notes seulement est affectée, ou quand les accidens qui affectent les deux notes ne sont pas de même nature l'intervalle, sans cesser de porter le même nom, ne se trouve plus composé du même nombre de tons ou de demitons; alors on dit que tel ou tel intervalle est JUSTE, PARFAIT, AUGMENTÉ, DIMINUÉ, MAJEUR OU MINEUR.

Nous allons passer tous les intervalles en revue sous ce nouvel aspect.

La SECONDE peut être MINEURE, MAJEURE OU AUGMENTÉE: elle est mineure quand elle n'a qu'un demi-ton, majeure quand elle a deux demi tons (ou un ton) et augmentée quand elle a trois demi tons (ou un ton et demi.)

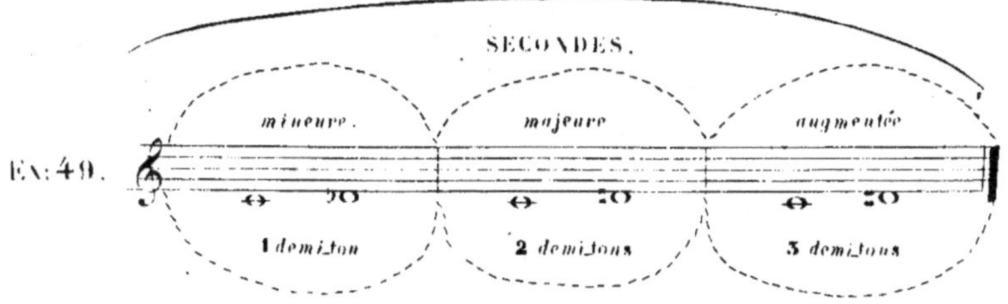

EX: 49.

La TIERCE peut être DIMINUÉE, MINEURE, MAJEURE OU AUGMENTÉE.

La QUARTE peut être DIMINUÉE, JUSTE OU AUGMENTÉE.

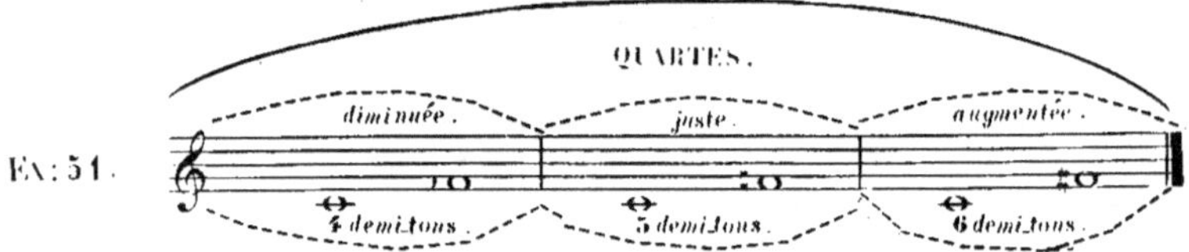

La QUINTE peut être DIMINUÉE (la quinte diminuée s'appelle aussi *fausse quinte*), PARFAITE (on dit aussi *juste*), OU AUGMENTÉE.

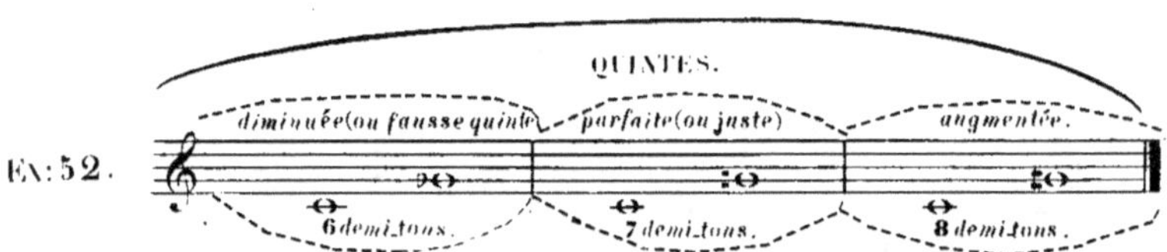

La SIXTE peut être DIMINUÉE, MINEURE, MAJEURE OU AUGMENTÉE.

(1) Remarquez que deux intervalles différens peuvent renfermer le même nombre de demi-tons; ainsi la seconde augmentée et la tierce mineure contiennent chacune trois demi-tons; malgré cela il y a entre ces deux intervalles l'immense différence que la tierce mineure est une consonnance et la seconde augmentée une dissonnance (*Nous verrons plus loin ce que c'est qu'une consonnance et une dissonnance*).

La SEPTIÈME peut être DIMINUÉE, MINEURE OU MAJEURE.

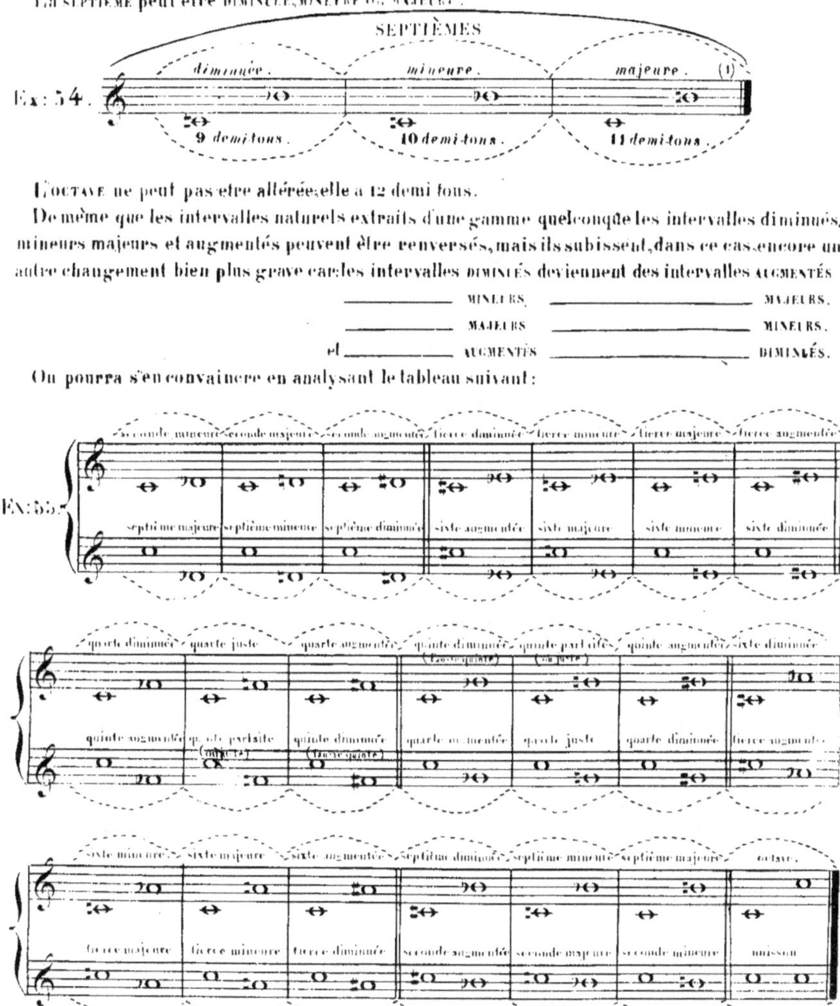

L'OCTAVE ne peut pas être altérée; elle a 12 demi-tons.

De même que les intervalles naturels extraits d'une gamme quelconque les intervalles diminués, mineurs majeurs et augmentés peuvent être renversés, mais ils subissent, dans ce cas, encore un autre changement bien plus grave car les intervalles DIMINUÉS deviennent des intervalles AUGMENTÉS

——————— MINEURS,	——————— MAJEURS.
——————— MAJEURS	——————— MINEURS.
et ——————— AUGMENTÉS	——————— DIMINUÉS.

On pourra s'en convaincre en analysant le tableau suivant:

(1) J'engage beaucoup les élèves à reproduire le tableau de ces intervalles (ex: 49 à 55) en commençant par une note quelconque de la gamme; il n'y a pas de meilleur moyen pour se les rendre familiers.

J'insiste encore sur la nécessité de se rendre parfaitement compte de l'effet que produit le renver-
-sement d'un intervalle quelconque,sans la connaissance parfaite de ce qui précède l'élève comprendrait
difficilement ce qui sera trâité dans les chapitres suivans.

INTERVALLES CONSONNANS ET DISSONNANS. On dit qu'un intervalle est CONSONNANT quand l'effet qu'il produit
sur notre oreille ne laisse rien à désirer,quand son audition nous procure une sensation douce et agréable.

Un intervalle est DISSONNANT quand il produit sur nous l'effet contraire.

Voici le tableau des intervalles consonnans:ils sont au nombre de sept.Tous les autres intevalles sont
dissonnans.

Ce tableau ainsi que celui de l'ex:55 devra également être reproduit par l'élève en commençant par
toutes les notes,tant naturelles que diezéeset bémolisées.

Ces sept consonnances se divisent encore en CONSONNANCES PARFAITES et CONSONNANCES IMPARFAITES.

Trois sont parfaites,ce sont: la QUARTE JUSTE,la QUINTE PARFAITE et l'OCTAVE;elles sont parfaites parceque
la moindre altération dans l'une des deux notes qui composent l'intervalle en fait des dissonnances.La TIERCE
et la SIXTE sont appelées consonnances imparfaites parcequ'on peut les rendre majeures ou mineures sans
qu'elles cessent,pour cela,d'être des consonnances.

CHAPITRE III.

ACCORD PARFAIT MAJEUR.— MANIERE D'ACCOMPAGNER.
AVEC CET ACCORD UN CHANT DONNÉ.

On nomme ACCORD la réunion de plusieurs notes touchées ou chantées simultanément.

Les accords,comme les intervalles,sont consonnans ou dissonnans,ils sont consonnans quand ils sont
composés uniquement d'intervalles consonnans,et dissonnans,aussitôt qu'il y entre un seul intervalle dissonnant. L'accord le plus consonnant,et appelé pour cette raison ACCORD PARFAIT,se compose des 1re 3me et
5me notes extraites d'une gamme diatonique quelconque,c'est-à-dire de la TONIQUE,de la TIERCE et de la QUINTE.

Quand les différentes notes composant l'accord parfait sont extraites d'une gamme majeure,l'accord
lui-même prend le nom d'ACCORD PARFAIT MAJEUR; quand elles sont extraites d'une gamme mineure cela
produit l'ACCORD PARFAIT MINEUR.

Nous ne nous occuperons,dans ce chapitre,que de l'accord parfait majeur,et nous prendrons pour éx
emple celui qui est extrait de la gamme de DO majeur et qui se compose,par conséquent,de DO,MI et SOL.(1.)

(1) Prenez,dès le principe,l'habitude de nommer les notes dont se compose un accord en commençant par la note du
bas:c'est une convention établie en musique et que bien des musiciens ignorent quand ils nomment ces notes en
commençant par celle du haut et disent,pour l'accord en question,SOL MI DO.D'après la convention générale-
-ment admise SOL MI DO serait représanté par l'accord ci-joint qu'il serait impossible de toucher d'une seule main.

Cet accord étant composé de trois notes peut être représenté avec trois combinaisons différentes, sans cesser, pour cela d'être un accord parfait; on dit alors qu'il est à la PREMIÈRE, à la DEUXIÈME, ou à la TROISIÈME POSITION.

Un accord parfait est à la 1re position quand la tonique est en bas, la tierce au milieu et la quinte en haut; il est à la 2me position quand la tierce est en bas, la quinte au milieu et la tonique en haut; il est à la 3me position quand la quinte est en bas, la tonique au milieu et la tierce en haut.

En analysant ces trois positions sous un autre point de vue on verra que, dans la 1re position, l'accord parfait majeur se compose de DEUX TIERCES, l'une majeure (*Do Mi*) et l'autre mineure (*Mi Sol*), dans la 2me position il se compose D'UNE TIERCE MINEURE (*mi sol*) et D'UNE QUARTE JUSTE (*sol do*) dans la 3me position il se compose D'UNE QUARTE JUSTE (*sol do*) et D'UNE TIERCE MAJEURE (*do mi*).

Avant qu'on ne soit bien familiarisé avec les différentes positions des accords on pourrait être embarrassé quand ils sont à la 2me ou à la 3me position, pour reconnaître la véritable tonique, le moyen de se tirer d'embarras est très simple: on n'aura qu'à placer les notes les une sur les autres de manière à ce qu'elles forment une succession supperposée de tierces, aussitôt placées de cette façon on trouvera la tonique dans le bas.

Avant de passer à la manière d'accompagner un chant j'engage les élèves a construire les accords parfaits tirés de toutes les gammes majeures et de les mettre dans les trois positions.

Le plus ordinairement l'accompagnement du plain-chant s'écrit à quatre parties; or, comme l'accord parfait ne se compose que de trois notes il faut nécessairement que l'une d'elles soit doublée, c'est-à-dire se trouve deux fois dans l'accord. La note doublée est ordinairement l'octave (*tonique*), assez souvent la quinte, rarement la tierce.

Cet accompagnement s'écrit sur deux portées réunies par une accolade; la portée du haut destinée à la main droite et ordinairement écrite en clef de sol, reçoit le CHANT (*ou mélodie*) et les PARTIES ACCOMPAGNANTES (*l'harmonie*) qui doivent toujours se trouver AU DESSOUS du chant; la portée inférieure destinée à la main gauche et ordinairement écrite en clef de fa, ne reçoit qu'une seule note, la note fondamentale, appelée BASSE.

Prenons maintenant comme chant destiné à être accompagné la gamme de Do suivante

Trois notes extraites de cette gamme même peuvent servir de basse à toutes les autres notes de la gamme, ce sont la 1re appelée aussi TONIQUE, la 5me appelée DOMINANTE; et la 4me appelée SOUS-DOMINANTE.

La Tonique sert de basse à la 1re, 3me, 5me et 8me note de la gamme; la dominante sert de basse à la 2me et à la 7me; la sous-dominante sert de basse à la 4me et à la 6me. Assurez-vous en en examinant l'exemple suivant et en ne perdant pas de vue que, dans la gamme de DO, la tonique est DO, la dominante SOL, et la sous-dominante FA.

Tout morceau de musique est extrait d'une gamme quelconque, donc, quand on sait trouver les basses d'une gamme, il est facile de trouver celles d'un morceau; on n'a, pour cela, qu'à chercher quelle place occupe, dans la gamme dont elle est extraite, la note dont on cherche la basse.

Nous allons faire cette opération sur un fragment d'un chant connu, le SALVE REGINA tel qu'il est noté dans l'antiphonaire romain.

Pareille opération sera facile à faire sur tout autre morceau de plain-chant écrit dans un ton majeur comme les 3me, 5me, 6me, 7me, et 8me (1), pourvu, toutefois, qu'on n'y trouve pas de dièzes ou de bémols étrangers à la gamme de laquelle est tiré le morceau car, dans ce cas, il y a modulation (2), c'est-à-dire que le morceau sort pendant quelques notes ou quelques mesures de son ton primitif.

Quand on a ainsi trouvé les basses fondamentales d'une mélodie CES BASSES INDIQUENT L'ACCORD QUI DOIT ACCOMPAGNER CHAQUE NOTE DE CETTE MÉLODIE. Ainsi, quand la basse est DO, l'accord sera DO-MI-SOL; quand la basse est FA l'accord sera FA-LA-DO; quand la basse est SOL l'accord sera SOL-SI-RÉ, etc.

L'accord parfait indiqué par chaque note de la basse devra être écrit sous la note de la mélodie; cette note de la mélodie sera elle-même un intervalle de l'accord, de sorte qu'il ne restera plus qu'à chercher les intervalles manquants pour compléter l'accord.

Il faudra avoir soin de RAPPROCHER ces intervalles complémentaires AUTANT QUE POSSIBLE DE LA MÉLODIE de manière à ce que la main puisse toucher l'accord avec facilité.

Reprenons notre gamme de l'ex: 60 et complétons l'harmonie.

EX: 62.

Dans la première mesure la basse est do, il faut donc compléter sous la mélodie l'accord de do; cette mélodie elle même est l'OCTAVE de la basse. Il nous manque par conséquent, pour que l'accord parfait soit complet, la TIERCE et la QUINTE, c'est-à-dire mi et sol, que l'on voit figurer, sous la mélodie, en notes noires.

Dans la seconde mesure la basse demande un accord de SOL, la mélodie (ré) en est la QUINTE, il nous manque par conséquent la TIERCE et l'OCTAVE (si et sol).

Dans la troisième mesure la basse demande de nouveau un accord de DO, la mélodie (mi) en est la TIER_ _CE, les deux notes noires (sol et do) sont la QUINTE et l'OCTAVE qui manquaient.

Dans la quatrième mesure la basse demande un accord de FA; la melodie (fa) en est l'OCTAVE, il nous man_ _que la TIERCE et la QUINTE (la et do).

Continuez d'analyser de la même façon la gamme entière.

Nous allons harmoniser de la même manière l'ex: 64, l'élève fera bien d'achever le morceau.

En voici encore un autre exemple tiré de la gamme de FA; la tonique sera FA, la dominante DO et la sous-dominante SI b, seulement, comme nous mettrons le si bémol à la clef, il sera inutile de le mettre de_ vant la sous-dominante quand elle se présentera.

Comme ce morceau ne contient aucune modulation j'engage les élèves à l'harmoniser entière_ _ment sur l'exemple de cette première strophe; ils pourront choisir encore, pour s'exercer, d'autres morceaux qui se trouvent dans les mêmes conditions, comme AVE VERUM, ADOREMUS IN ÆTERNUM, ALMA REDEMPTORIS (1), AVE REGINA, etc; mais il faut, autant que possible, que ce soient des mor_ _ceaux qui se chantent tels qu'ils sont notés parceque nous ne verrons le chapitre de la trans_ _position que plus tard.

---

(1) Je fais cependant mes réserves pour de certaines mesures de cette antienne; on ne trouve, à la vérité, aucun ac_ _cident dans le courant du morceau, mais il me semble qu'il est impossible de ne pas chanter FA # aux mots PERVIA, STELLA, VIRGO; le SOL qui suit le FA sur ces mots fait évidemment repos et ce repos demande à être précédé de la note sensible. Il y a donc modulation dans les phrases en question.

CHAPITRE IV.

NOTES COMMUNES ENTRE LES ACCORDS — OCTAVES ET QUINTES
CONSÉCUTIVES. — MOYENS DE LES ÉVITER.

Pour qu'une suite d'accords soit agréable à l'oreille il faut qu'il y ait entre les accords des NOTES COMMUNES, c'est à dire que chaque accord doit contenir AU MOINS UNE des notes contenues dans l'accord précédent Aussitôt que ces notes communes manquent entre deux accords leur suite a une certaine dureté dont l'oreille est choquée à un haut degré.

Reprenons encore une fois l'ex: 62 et analysons-le sous ce nouveau point de vue.

Ex: 65.

Dans cet exemple je n'ai mis en noir que les notes communes afin que l'œil puisse les saisir avec plus de facilité; on voit qu'entre le 1er et le 2me accord il y a une note commune, c'est SOL; entre le 2me et le 3me c'est encore SOL; entre le 3me et le 4me c'est DO; entre le 4me et le 5me DO; entre le 5me et le 6me DO; entre le 7me et le 8me SOL; mais entre le 6me et le 7me on ne trouve aucune note commune; or c'est à cette absence de note commune qu'il faut attribuer le mauvais effet que produit, sur notre oreille, la suite de ces deux accords.

J'engage les élèves à toucher plusieurs fois cette gamme ainsi harmonisée et à l'écouter avec une grande attention; je suis certain que, quelque peu sensible que soit jusqu'à présent leur oreille, ils seront frappés de la dureté que présente la suite des 6me et 7me accords.

Ce mauvais effet provient encore d'une autre cause, plus difficile peut-être à saisir, mais que je tâcherai cependant de faire comprendre.

Quand, dans deux accords qui se suivent, la quinte et l'octave se trouvent doublées dans chacun de ces accords et que cette quinte et cette octave font le même mouvement, c'est-à-dire qu'elles montent ou descendent du même nombre de demi tons, le mouvement semblable de ces deux intervalles est une faute grave qui produit un très mauvais effet et qu'il faut absolument éviter. On donne à ces fautes, c'est-à-dire au mouvement semblable de la quinte et de l'octave dans deux accords consécutifs, le nom d'OCTAVES et de QUINTES CONSÉCUTIVES.

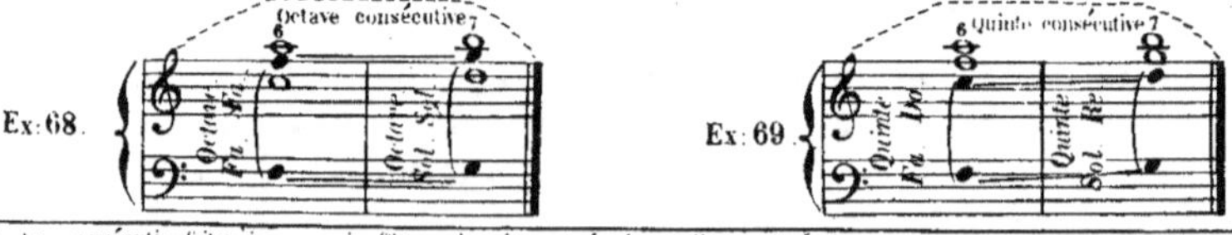

Or on trouve ces deux fautes dans la succession du 6me au 7me accord dans l'exemple 65 comme on peut s'en convaincre par la reproduction de ces deux accords.

(1) L'octave consécutive fait moins mauvais effet que la quinte consécutive et elle est tolérée dans de certaines conditions que nous verrons plus tard.
(2) La quinte consécutive elle même est tolérée quand le mouvement semblable ne produit qu'une quinte diminuée au lieu d'une quinte parfaite.

Dans l'ex: 68, à la main droite et à la main gauche, le FA monte au SOL, il y a donc OCTAVE CONSÉCUTIVE; dans l'ex: 69, à la main droite le DO monte au RÉ et à la main gauche le FA monte au SOL; FA_DO du premier ac_ _cord montant à SOL_RÉ dans le second produit une QUINTE CONSÉCUTIVE.

Nous allons apprendre à éviter ces deux fautes, les plus graves que l'on puisse faire en harmonie, et qu'on se trouve exposé à faire très souvent, surtout et toutes les fois que le 6me degré d'une gamme ou d'un morceau monte au septième, ou quand le 7me descend au 6me.

MOYEN D'ÉVITER LES OCTAVES CONSÉCUTIVES. Dans l'ex: 68 l'octave consécutive est produite par FA et SOL montant d'un degré dans deux parties différentes: la basse et la partie du milieu de la main droite; le mo_ _yen d'éviter cette octave consiste à arrêter la marche de l'une des deux parties, celle de la main droite par exemple, en répétant le FA dans l'accord suivant; ce FA deviendra même la note commune entre les deux accords.

Ex: 70.

Dans cet exemple l'octave consécutive n'a plus lieu puisque la partie de la main droite ne fait plus le même mouvement que la basse, mais le FA que nous avons introduit dans le second accord fait que cet accord cesse d'être un accord parfait et devient un accord de SEPTIÈME, à cause de l'intervalle de septiè_ me qui existe entre la basse et ce FA. Nous apprendrons à connaître ce nouvel accord dans le chapitre suivant.

MOYEN D'ÉVITER LES QUINTES CONSÉCUTIVES. Dans l'exemple 69 la quinte consécutive est produite par FA_SOL montant d'un degré à la main gauche, et DO_RÉ faisant le même mouvement à la main droite; on évite la quinte consécutive en faisant faire à la partie de la main droite le mouvement contraire de celui que fait la basse, c'est_à_dire en faisant descendre le DO au SI.

Ex: 71.

Dans cet exemple la quinte consécutive n'a plus lieu puisque la partie de la main droite fait un mou_ vement contraire à celui de la basse, mais le nouveau SI que nous avons introduit dans la seconde mesure pour éviter la quinte consécutive est le sujet d'une nouvelle faute qui aura lieu de la 7me à la 8me mesure.

L'accord de la septième mesure est devenu, on se le rappelle, un ACCORD DE SEPTIÈME par suite du FA que nous y avons introduit en évitant l'octave consécutive (*Ex:70*); cet accord de septième est un ac_ _cord dissonant à cause de l'intervalle dissonant (*la septième Sol_Fa*) qui s'y trouve; or, comme accord dissonant il est soumis à des règles particulières, comme on le verra dans le chapitre suivant; par suite de ces règles les notes qui composent cet accord de septième sont soumises à des marches forcées, à des mouvemens fixes, indiqués par la nature. On conçoit dès_lors que, dans un accord dont les notes sont soumises à des mouvemens réglés d'avance, il se trouve deux mêmes notes, ces deux notes sont obligées de faire le même mouvement. C'est précisément ce qui arrive dans l'accord en question: nous y avons introduit un SI pour éviter la quinte consécutive, la mélodie elle_même est déjà un SI, et ces deux SI étant soumis au même mouvement feront forcément une octave consécutive.

Pour éviter cette nouvelle octave consécutive on s'y prend de la manière suivante: pendant que les autres parties font, par exemple, une ronde, on fait faire à la partie qui fait le si deux blanches; la pre_mière sera ce si même qui nous évite la quinte consécutive et, à la seconde blanche, on réintroduira le ré qui aurait fait cette quinte consécutive s'il était entré au premier temps et qui ne risque plus de la faire en entrant au troisième temps.

Quand nous en serons aux chapitres des renversemens et des modulations nous trouverons encore d'autres moyens pour éviter ces fautes;en attendant j'engage les élèves à se familiariser avec ceux que je viens de donner en les mettant en pratique toutes les fois que l'occasion s'en présentera dans les morceaux que je leur ai déjà recommandé de mettre en harmonie.

Avant de finir ce chapitre je dois faire remarquer que la note fondamentale d'un accord peut servir de basse a cet accord quelle que soit sa position. Ceux qui ont analysé avec attention l'ex:65 s'en seront,je pense,déjà apperçu dans les 1re, 3me et 5me mesures de cet exemple.

Nous verrons plus tard,dans le chapitre des renversemens,que chacune des notes d'un accord peut également être mise à la basse.

CHAPITRE V.

ACCORD DE SEPTIÈME DE DOMINANTE.—SA RÉSOLUTION.—SES QUATRES POSITIONS.

L'ACCORD DE SEPTIÈME DE DOMINANTE porte ce nom parceque sa basse fondamentale est toujours la DOMINANTE du ton dans lequel il conduit.

Il se compose de quatre notes invariables quel que soit le mode dans lequel on se trouve ce sont la TONIQUE, LA TIERCE MAJEURE, LA QUINTE PARFAITE et la SEPTIÈME MINEURE.

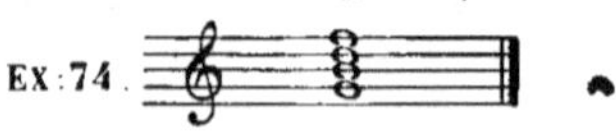

L'intervalle de septième qui se trouve dans cet accord étant un intervalle dissonnant rend l'accord lui même dissonnant.

Les accords dissonnans peuvent avoir besoin d'une PRÉPARATION ou d'une RÉSOLUTION, c'est-à-dire qu'un autre accord doit les précéder ou les suivre; quelque fois ils ont besoin de la préparation et de la résolution.

On fait la préparation d'un accord dissonnant en faisant entendre, dans l'accord qui le précède, une ou plusieurs des notes dont il se compose.

On fait la résolution d'un accord dissonnant en faisant suivre à chaque note dont il se com-_pose une marche fixe indiquée, demandée par la nature même.

L'accord de septième de dominante n'a besoin que d'une résolution, et voici la marche que doit suivre chacune des notes dont il se compose:

1° LA BASSE PEUT DESCENDRE D'UNE QUINTE OU MONTER D'UNE QUARTE (*ce qui revient au même puis-_que la quinte renversée produit la quarte, et la quarte renversée la quinte*); dans l'un ou l'autre cas sa résolution devient la TONIQUE de l'accord suivant.

2° LA TIERCE DOIT MONTER INVARIABLEMENT D'UN DEMI TON; sa résolution devient l'OCTAVE de l'accord suivant.

3° LA QUINTE PEUT DESCENDRE D'UN DEGRÉ et dans ce cas sa résolution devient l'OCTAVE de l'accord sui-_vant, ou bien MONTER D'UN DEGRÉ et alors sa résolution devient la TIERCE de l'accord suivant. Quand elle descend c'est invariablement d'UN TON; quand elle monte c'est d'un DEMI-TON quand l'accord suivant doit être MINEUR, et d'UN TON quand l'accord suivant doit être MAJEUR. Dans tous les cas l'oreille sem-_ble plus satisfaite quand on la fait descendre pour devenir octave que quand on la fait monter pour devenir tierce.

4° LA SEPTIÈME DOIT TOUJOURS DESCENDRE D'UN DEGRÉ; sa résolution devient la TIERCE de l'accord suivant. Le degré duquel elle descend doit être d'un DEMI-TON quand l'accord suivant doit être MAJEUR et d'UN TON quand cet accord doit être MINEUR.

5° L'OCTAVE (*rien n'empêche d'ajouter l'octave à cet accord comme à l'accord parfait, alors il se compose de cinq notes, ex: 75*) l'octave PEUT RESTER À SA PLACE, c'est-à-dire que la note de l'accord suivant peut rester sur le même degré, et alors elle devient la QUINTE de l'accord suivant. Elle peut aussi, comme la bas-_se, DESCENDRE D'UNE QUINTE OU MONTER D'UNE QUARTE et, dans l'un ou l'autre cas, devenir OCTAVE dans l'accord suivant; mais il faut alors avoir soin de lui faire faire le mouvement contraire de la basse c'est à dire la faire monter quand la basse descend ou la faire descendre quand la basse mon-_te, car sans cela il en résulterait nécessairement une octave consécutive.

Analysez bien l'exemple suivant, la marche de chaque note de l'accord de septième y est indi-_quée par autant de traits qu'elle peut avoir de résolutions.

EX: 75

La BASSE, remarquez-le bien, a DEUX résolutions, comme l'indiquent les deux traits qui en par_tent: elle MONTE ou elle DESCEND.

L'OCTAVE a TROIS résolutions, comme l'indiquent les trois traits qui en partent: elle peut RESTER sur le même degré, MONTER ou DESCENDRE.

La TIERCE, comme l'indique l'unique trait qui en part, n'a qu'UNE SEULE résolution; elle MONTE forcément a l'octave.

La QUINTE a DEUX résolutions, comme l'indiquent les deux traits qui en partent: elle peut MON_ _TER ou DESCENDRE.

La SEPTIÈME, comme la tierce, n'a qu'UNE SEULE résolution: elle DESCEND forcément. On ne pourra jamais se rendre trop certain des différentes marches des notes composant l'accord de septième de dominante car cet accord est presqu'aussi souvent employé que l'accord parfait, comme on le verra quand nous connaîtrons d'autres règles qui le concernent et qui vont suivre.

L'accord de septième de dominante étant composé de quatre notes a naturellement quatre posi_ _tions. Il est à la première position quand les notes sont placées dans l'ordre suivant: TONIQUE, TIERCE, QUIN_ _TE, et SEPTIÈME; dans cette position il est composé de: TIERCE MAJEURE, QUINTE PARFAITE et SEPTIÈME MINEURE.

Il est dans la deuxième position quand la tierce est dans le grave: TIERCE, QUINTE, SEPTIÈME et OCTAVE (tonique); alors il est composé de: TIERCE MINEURE, QUINTE DIMINUÉE et SIXTE MINEURE.

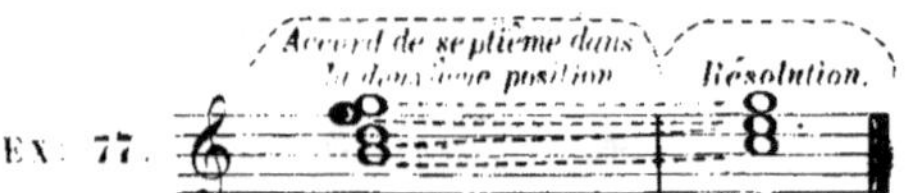

Il est dans la troisième position quand la quinte est dans le grave: QUINTE, SEPTIÈME, OCTAVE (tonique) et TIERCE; il se compose alors de: TIERCE MINEURE, QUARTE JUSTE et SIXTE MAJEURE.

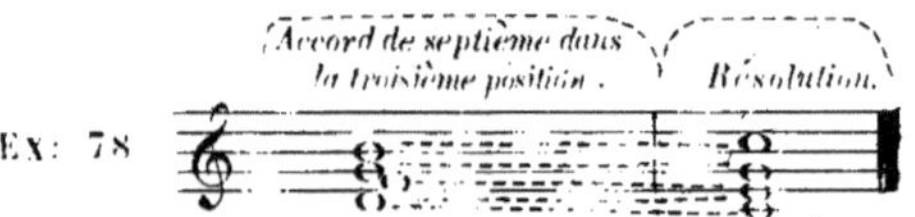

Il est dans la quatrième position quand la septième est dans le grave: SEPTIÈME OCTAVE (tonique) TIERCE et QUINTE, et se compose de: SECONDE MAJEURE, QUARTE AUGMENTÉE et SIXTE MAJEURE.

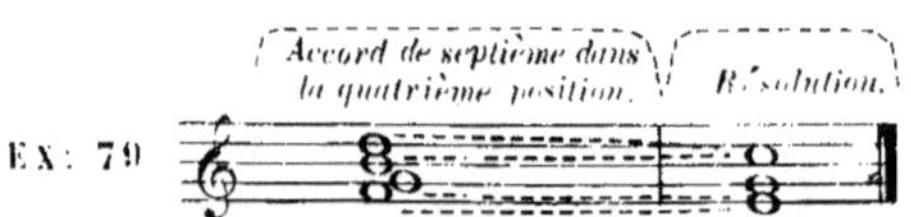

Remarquez que dans la résolution des trois premières positions la tonique se trouve dans le grave, tandis que dans la résolution de la quatrième position c'est la tierce qui est dans le bas, cela tient, on l'a déjà deviné, à ce que la septième a sa résolution forcée sur la tierce.

Comme le dernier accord d'un morceau doit toujours avoir pour basse la note fondamentale il s'en suit que l'avant_dernier accord, quand c'est un accord de septième, ne doit jamais être dans la quatrième position.

Comme pour l'accord parfait, la note fondamentale de l'accord de septième de dominante peut ser_ vir de basse à cet accord quelle que soit sa position.

Si l'on était embarrassé pour reconnaître la note fondamentale d'un accord de septième on opérerait comme pour l'accord parfait, c'est_à_dire que l'on placerait les quatre notes de manière à ce qu'elles soient étagées de tierce en tierce et on aura la note fondamentale dans le bas.

Maintenant que nous connaissons parfaitement l'accord de septième, ses différentes positions et la manière de les résoudre, reprenons et achevons l'ex: 72. Nous avons dit plus haut que tout accord de septième avait besoin d'une résolution: en effet, touchez la gamme de l'ex 81 en accords parfaits jus_ _qu'au 6me degré inclusivement; au 7me degré introduisez, pour éviter la quinte et l'octave consécutive, l'accord de septième de l'ex: 72, arrêtez_vous y et écoutez attentivement; quelque peu exercée que soit votre oreille vous sentirez que la phrase n'est pas finie, vous éprouverez un certain malaise, un sentiment irrésistible vous forcera à toucher l'accord de la huitième mesure qui est la résolution de l'accord de septième.

Remarquez que dans l'accord de la résolution il n'y a point de quinte (sol), nous ne pouvons pas en avoir puisque c'est l'octave de l'accord de septième, en restant à sa place, qui produit la quinte dans l'accord suivant (voyez les ex: 77, 78 et 79), l'octave étant absente dans l'accord de septième la quinte doit l'être également dans la résolution.

Ceci me conduit à faire remarquer que deux notes ont le privilège de n'être pas absolument né_ _cessaires dans un accord sans que, par leur absence, la tonalité cesse d'être parfaitement établie; ces deux notes sont la QUINTE et l'OCTAVE. C'est de cette règle que nous nous servirons, jusqu'à ce que nous ayons d'autres moyens à notre disposition, pour éviter l'octave et la quinte consécutives que l'on rencontre du 7me au 8me degré en accompagnant la gamme en descendant.

EX: 82.

Dans cet exemple SOL-FA de la main droite fait une octave consécutive avec SOL-FA de la basse, et RE-DO une quinte consécutive avec la même partie; on y remédie en faisant, à la main droite, monter le RE au FA et le SOL au LA; de cette façon il n'y aura point de quinte dans l'accord du 6.me degré, mais l'octave et la quinte consécutives n'existeront plus.

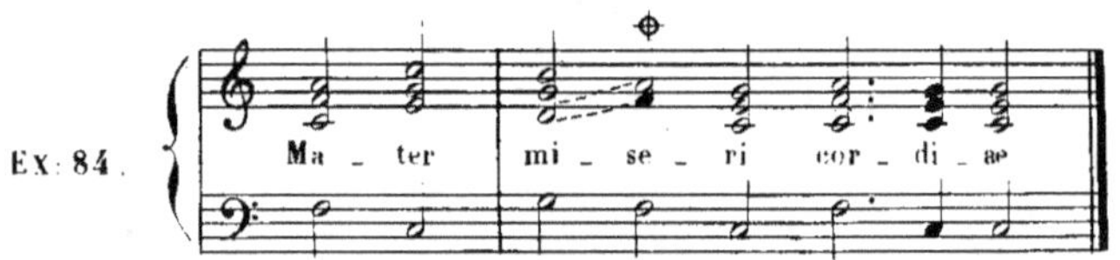

EX: 83.

Nous avons une faute semblable à corriger dans les deux premiers accords de la quatrième mesure du SALVE REGINA, (ex: 63); elle se trouve corrigée au signe ⊕

EX: 84.

Résumons les moyens que nous avons jusqu'à présent à notre disposition pour éviter les quin_tes et les octaves consécutives; ils sont au nombre de trois:

1.º Le MOUVEMENT CONTRAIRE, qui consiste à faire descendre l'une des deux notes pendant que l'autre monte, et vice-versa.

2.º Le MOUVEMENT OBLIQUE, qui consiste à laisser l'une des deux notes sur le même degré pen_dant que l'autre monte ou descend.

3.º La SUPPRESSION de l'une des deux notes. Cette suppression ne doit jamais avoir lieu ni dans la mélodie ni à la basse, mais toujours dans les parties d'accompagnement.

Avant de passer aux chapitres suivans j'engage les élèves à mettre en pratique ce que nous a_vons vu jusqu'à présent en harmonisant un grand nombre de chants du mode majeur et qui ne s'écartent pas du ton primitif; à la grande rigueur ce que nous savons maintenant suffit déjà pour accompagner correctement les chants qui ne s'écartent pas des deux conditions ci-dessus.

On pourra cependant, et sans grande peine, parvenir à mettre un peu plus de variété dans les basses qui, jusqu'à présent, ne vont que de la tonique à la dominante et à la sous-dominante. Le chapitre suivant en donne quelques moyens; il ne sera ni long ni difficile à comprendre.

CHAPITRE VI.

AUTRES MANIÈRES D'ACCOMPAGNER LA TONIQUE (ou octave),
LA QUINTE ET LA QUARTE.—MOYEN D'INTRODUIRE UN PLUS GRAND NOMBRE
D'ACCORDS DE SEPTIÈME DANS UN CHANT HARMONISÉ.

La marche uniforme des basses que nous avons employées jusqu'à présent produit une mono_
_tonie désespérante que nous ne pourrons faire disparaître complètement que quand nous aurons
étudié le chapitre des renversemens; cependant dès ce moment nous pourrons y remédier jus_
qu'à un certain point en observant les règles suivantes qui nous permettront, sous de certaines con
_ditions, de changer les basses (*et par conséquent les accords puisque tout accord se construit sur la
basse*) qui nous ont servi jusqu'ici pour la tonique (*ou octave*), la quinte ou la quarte.

1º QUAND LA TONIQUE (*ou l'octave*) EST RÉPÉTÉE PLUSIEURS FOIS DE SUITE DANS UN CHANT ELLE PEUT
AVOIR POUR BASSE LA SOUS-DOMINANTE au lieu de la tonique dont nous nous sommes uniquement servi
jusqu'à ce moment. Ainsi on obtient déjà une certaine variété en accompagnant, par exemple, les
cinq no de la manière suivante:

Dans l'ex: 87 cette règle est appliquée aux endroits marqués de ce signe ⊕.

2º QUAND LA QUINTE EST RÉPÉTÉE PLUSIEURS FOIS DE SUITE ELLE PEUT AVOIR POUR BASSE LA DOMINANTE
(*la quinte elle même*) au lieu de la tonique que nous avons seule employée jusqu'à présent:

24

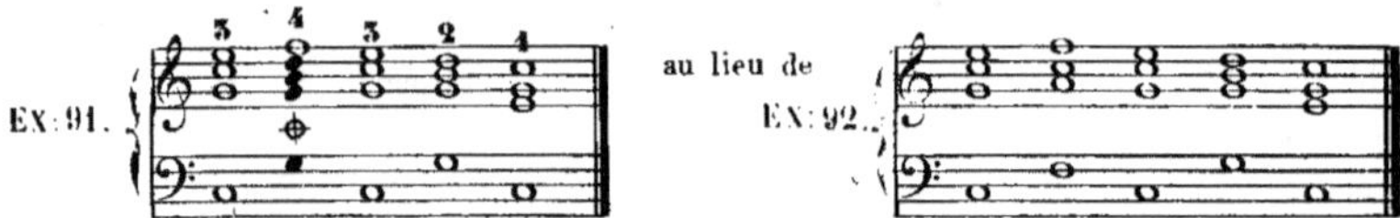

3º TOUTES LES FOIS QUE, dans une mélodie, LA QUARTE DESCEND D'UN DEGRÉ ELLE PEUT AVOIR POUR BAS_ _SE LA DOMINANTE au lieu de la sous-dominante que nous lui donnions jusqu'à présent. Mais remarquez bien qu'alors cette quarte sera SEPTIÈME relativement à sa nouvelle basse, et l'accord sera lui-même un accord de septième de dominante, assujetti, par conséquent, aux règles qui régissent cet accord.

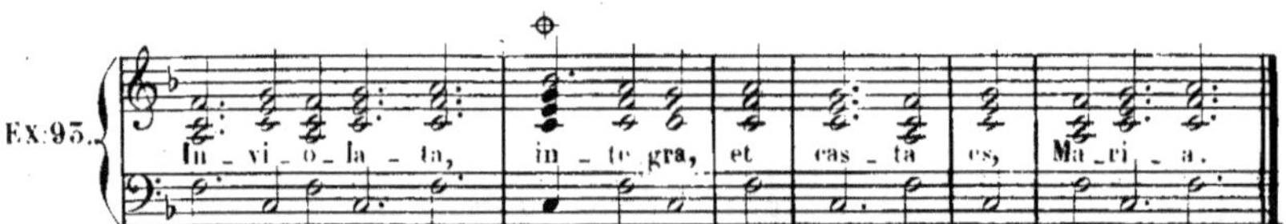

Nous pouvons appliquer cette règle à l'exemple 46, INVIOLATA, car la première note de la deuxième mesu_ _re se trouve dans ce cas, le si ♭ étant quarte dans le ton de FA et cette quarte descendant d'un degré.

Cependant, quand cette quarte descendante est précédée de la quinte on fera bien de ne pas appli_ _quer cette règle parceque cela amènerait une quinte consécutive. En voici la preuve:

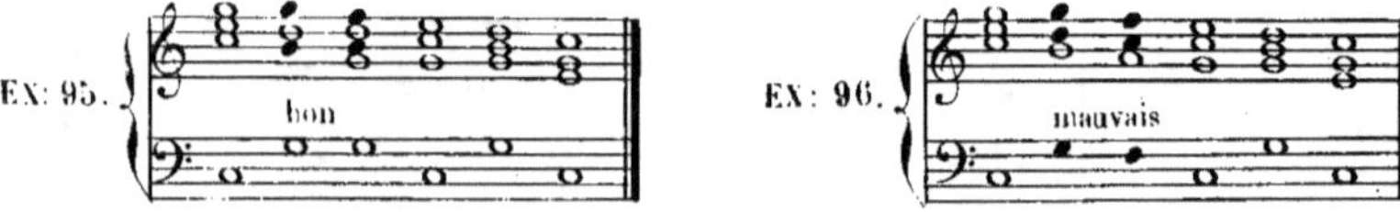

Mais si cette quinte, précédant la quarte descendante, avait pour basse la dominante par applica _tion de la règle de l'ex: 87, la quinte consécutive n'aurait plus lieu et rien n'empêcherait de donner la do_ _minante pour basse à la quarte descendante; il faudrait même la lui donner forcément parcequ'en met_ _tant la sous-dominante à la basse il y aurait octave consécutive entre la mélodie et la basse, et quinte consécutive entre la seconde partie et la basse.

On aura sans doute déjà remarqué, depuis que nous connaissons et que nous employons l'accord de septième de dominante, que la basse de cet accord descend toujours d'une quinte ou monte d'une quarte (*ce qui, une fois pour toutes, est la même chose*). Du reste la règle concernant la résolution de cette basse est formelle: LA BASSE (*de l'accord de septième de dominante*) DESCEND D'UNE QUINTE OU MONTE D'UNE QUARTE.

De ce qui précède nous pouvons, par conséquent, déduire la règle nouvelle: qu'ON PEUT INTRODUIRE LA SEPTIÈME DANS UN ACCORD TOUTES LES FOIS QUE LA BASSE DE CET ACCORD DESCEND D'UNE QUINTE OU MONTE D'U__NE QUARTE.

Écrivons un chant quelconque et mettons sous ce chant les basses comme nous l'avons fait à l'exem__ple 60, en profitant toutefois des nouvelles règles du présent chapitre (*ex:* **85, 88** et **91**) si l'occasion s'en présente. Toutes les fois que nous trouverons une basse descendant d'une quinte ou montant d'une quar__te nous la surmonterons d'un 7, ce chiffre nous indiquera que nous pouvons joindre la septième de cette basse à l'accord parfait de la main droite.

EX. 97.

Dans cet exemple la basse descend trois fois d'une quinte et monte deux fois d'une quarte, ce sont autant de septièmes que nous pourrons ajouter à l'accord correspondant de la main droite. Remar__quez, en passant, que dans la troisième mesure j'ai accompagné la deuxième quinte de la main droite par la dominante par application de la 2me règle du présent chapitre (*ex:* **88**) et dans la quatrième mesure la quarte par la dominante par application de la 3me règle (*ex:* **91**)

Mettons d'abord l'exemple précédent en harmonie sans introduire les septièmes.

EX: 98.

Maintenant remettons les 7 sur les basses comme dans l'ex: **97** et introduisons les septièmes dans les accords correspondans de la main droite.

EX: 99.

Touchez d'abord l'exemple **98** et ensuite l'ex **99** et remarquez quel magnifique et puissant effet ces ac__cords de septième produisent. Et dire qu'il y a des organistes qui, sous prétexte de la gravité que cet accord enlève au plain chant, selon eux, l'excluent absolument de l'accompagnement! Ils prétendent que cet accord rend le chant mondain et sensuel; il faut convenir que leur imagination y est pour beaucoup; j'y vois, moi, une belle et puissante variété, détruisant la monotonie d'une suite non in__terrompue d'accords parfaits; de la sensualité je n'en vois point malgré la meilleure volonté du monde.

Ces Messieurs ne se contentent même pas d'exclure cet innocent et inoffensif accord de septième, ils vont plus loin et en excluent des accords d'une richesse infiniment plus grande encore et que nous apprendrons à connaître plus tard.

Il y a une exception à cette règle d'introduction de la septième; elle se présente toutes les fois que, dans une mélodie, la tierce *(qui a pour basse la tonique)* est précédée de la seconde *(qui a pour basse la dominante)*.

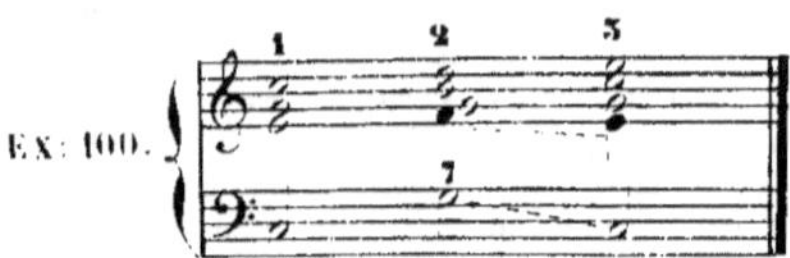

EX: 100.

Dans cet exemple la basse descend bien d'une quinte et autorise l'introduction de la septième, mais vu que la résolution de cette septième produit la tierce dans l'accord suivant, et que l'octave de cette tierce existe déjà dans la mélodie, il vaut mieux ne pas introduire cette septième pour ne pas avoir deux tierces dans l'accord suivant, parceque la tierce doublée ne produit pas un très bon effet et peut, dans de certains cas, comme celui de l'exemple suivant par exemple, donner lieu a des octaves consécutives.

EX: 101.

Ne perdez pas de vue, dans tous les cas, que l'introduction de cette septième n'est nullement obligatoi_re mais simplement facultative. Introduite dans de bonnes conditions elle fait un charmant effet; quand ces conditions sont mauvaises, comme dans l'ex:101 l'effet qu'elle produit est moins bon.

Finissons ce chapitre en appliquant l'introduction de la septième à la première phrase de l'INVIOLATA; les élèves l'appliqueront à tous les chants qu'ils auront déjà harmonisés.

EX: 102.

Dans cet exemple je pouvais introduire la septième sept fois: dans le premier accord de la deuxiè_me mesure elle est dans la mélodie parceque j'ai accompagné la quarte descendante par la dominante; sur les six autres je ne l'ai introduite que trois fois, où sont les notes noires; je ne l'ai pas fait aux accords marqués de ce signe ⊕ par application de l'exeption des ex:100.et 101.

Ici finit tout ce qui a spécialement rapport à l'accompagnement d'un morceau majeur car les cha_pitres des renversemens, des modulations, etc, seront applicables aux deux modes. Nous allons donc nous occuper avant tout d'apprendre à accompagner, d'après les plus simples règles, les morceaux écrits en mo_de mineur

CHAPITRE VII.

ACCORD PARFAIT MINEUR.—MANIÈRE D'ACCOMPAGNER LA GAMME
MINEURE.—L'ACCORD DE SEPTIÈME DE DOMINANTE NE CHANGE
PAS DANS LE MODE MINEUR.—NÉCESSITÉ DES NOTES SENSIBLES
DANS LE MODE MINEUR.—MANIÈRE D'ACCOMPAGNER UN CHANT
MINEUR AVEC LES ACCORDS D'UNE GAMME MINEURE HARMONISÉE.

J'ai déjà fait remarquer, au chapitre 1er., les deux grandes différences qu'il y a entre les gammes majeures et les gammes mineures: 1°, les demi-tons ne se trouvent pas à la même place ; 2°, la gamme mineure descendante n'est pas pareille à la gamme montante. De là ressort ce qui suit :

1° La gamme mineure ayant son premier demi-ton de 2 à 3 il s'en suit que l'accord parfait extrait de cette gamme n'aura qu'UN TON ET DEMI de la tonique à la tierce au lieu de deux tons qu'il y a pour le même intervalle dans l'accord parfait majeur.

L'accord parfait mineur se compose donc: dans la 1re. position de TIERCE MINEURE et QUINTE PARFAITE ; dans la 2me. position de TIERCE MAJEURE et SIXTE MAJEURE ; dans la 3me. position de QUARTE JUSTE et SIXTE MINEURE.

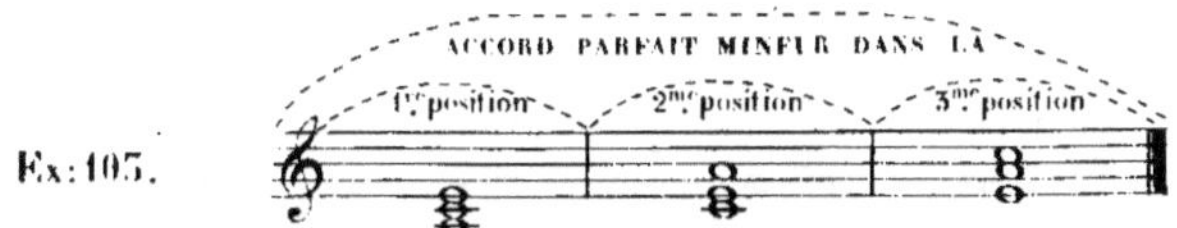

Ex: 105.

2° La gamme mineure descendante n'étant pas pareille à la gamme montante les notes qui serviront de basse en montant ne seront pas tout-à-fait les mêmes en descendant. De plus, les accords que nous trouverons en harmonisant la gamme mineure ne seront pas tous mineurs, comme on pourrait le croire; voici, note par note, d'abord en montant, ensuite en descendant, le nom des basses et l'indication de majeur ou mineur attachée à chaque accord de la gamme.

La TONIQUE a pour basse la	TONIQUE ;	l'accord est MINEUR.
La SECONDE ——————————	DOMINANTE ;	—————— MAJEUR.
La TIERCE ——————————	TONIQUE ;	—————— MINEUR.
La QUARTE ——————————	SEPTIÈME MINEURE;	—————— MAJEUR.
La QUINTE ——————————	TIERCE ;	—————— MAJEUR.
La SIXTE ——————————	SECONDE ;	—————— MAJEUR.
La SEPTIÈME ——————————	DOMINANTE ;	—————— MAJEUR.
L'OCTAVE ——————————	TONIQUE ;	—————— MINEUR.

En descendant :

L'OCTAVE a pour basse la	SIXTE MINEURE ;	l'accord est MAJEUR.
La SEPTIÈME ——————————	TIERCE ;	—————— MAJEUR.
La SIXTE ——————————	QUARTE ;	—————— MINEUR.
La QUINTE ——————————	TONIQUE ;	—————— MINEUR.
La QUARTE ——————————	QUARTE ;	—————— MINEUR.
La TIERCE ——————————	TONIQUE ;	—————— MINEUR.
La SECONDE ——————————	DOMINANTE ;	—————— MAJEUR.
La TONIQUE ——————————	TONIQUE ;	—————— MINEUR.

Ex:104.

1 mineur. 2 majeur. 3 mineur. 4 majeur. 5 majeur. 6 majeur. 7 majeur. 8 mineur.

8 majeur. 7 majeur. 6 mineur. 5 mineur. 4 mineur. 3 mineur. 2 majeur. 1 mineur.

Remarquez les nombreuses exceptions que comporte l'accompagnement de la gamme mineure relativement à la gamme majeure :

1º Dans la gamme majeure trois notes ont servi de basse à toutes les autres ; dans la gamme mineure il les faut toutes.

2º Dans la gamme majeure tous les accords sont majeurs ; dans la gamme mineure ils sont tantôt mineurs, tantôt majeurs.

3º Dans la gamme majeure nous n'avons trouvé que deux accords privés entr'eux de notes communes, (du 6ᵐᵉ au 7ᵐᵉ degré) ; dans la gamme mineure nous le trouvons plusieurs fois : du 3º au 4ᵐᵉ et du 5ᵐᵉ au 6ᵐᵉ degré en montant, et du 7ᵐᵉ au 6ᵐᵉ degré en descendant.

4º Dans la gamme majeure l'absence de notes communes était accompagnée d'octaves et de quintes consécutives ; dans la gamme mineure on ne trouve ces fautes nulle part.

5º Remarquez également que dans la gamme mineure, malgré l'absence de notes communes, les accords qui se suivent dans ces conditions ne font pas aussi mauvais effet, ne sont pas aussi durs à l'oreille que l'était la suite des deux accords du 6ᵐᵉ au 7ᵐᵉ degré dans la gamme majeure. Cela prouve que le mauvais effet provient moins de l'absence de ces notes communes que des octaves et des quintes consécutives et nous fait voir, une fois de plus, avec quel soin ces dernières fautes doivent être évitées.

Joignez à ce qui précède cette circonstance : que les morceaux de plain-chant écrits en mode mineur modulent bien plus souvent que ceux écrits en mode majeur, et vous aurez une idée de la difficulté bien plus grande d'accompagner correctement ces morceaux. L'important chapitre des modulations devient ici d'une nécessité impérieuse et absolue ; aussi le traiterons nous immédiatement après celui-ci.

De ce qu'il n'y a, dans la gamme mineure de l'ex:104, ni octave ni quinte consécutive à corriger il ne s'en suit pas que l'accord de septième de dominante ne puisse ou ne doive pas y être employé ; la règle suivante, du chapitre 6ᵐᵉ, peut avoir son application en mineur aussi bien qu'en majeur : ON PEUT INTRODUIRE LA SEPTIÈME DANS UN ACCORD TOUTES LES FOIS QUE LA BASSE DESCEND D'UNE QUINTE OU MONTE D'UNE QUARTE. Or dans la gamme de l'ex: 104 cela arrive quatre fois en montant et une fois en descendant, comme on peut le voir dans l'ex: 107.

Mais avant de donner cet exemple je dois faire remarquer que l'accord de septième ne chan_ _ge pas, c'est-à-dire que ses intervalles sont constamment les mêmes, qu'il soit devant un accord ma_ _jeur ou devant un accord mineur(1). La seule différence qu'il y a dans ce cas (mais elle est ca_ _pitale) réside dans la résolution de la septième qui, comme on le sait déjà, devient tierce dans l'accord suivant. Quand cet accord doit être majeur la septième ne doit descendre que d'un demi ton, quand, au contraire, l'accord doit être mineur il faut que la septième descende d'un ton. La résolution des autres notes de l'accord de septième est toujours la même.

Ex:105. Ex:106. Ex:107.

D'après la marche des basses dans cet exemple on pourrait introduire la septième cinq fois; je ne l'ai fait que deux fois, aux notes noires, parceque les trois autres fois la tierce se trouve déjà dans l'accord de la résolution.(Application de la règle de l'ex:98).

Pour finir ce chapitre je me vois dans la nécessité de soulever et de résoudre à ma manière une autre grande question qui divise les organistes allemands et une partie des organistes français; je veux parler de la note sensible dans l'éxécution ou dans l'accompagnement d'un morceau mineur(2).

Très souvent, dans les livres de plain-chant, ces notes sensibles ne sont pas marquées et de certains organistes, les uns pour ne pas se permettre la simple addition d'un dièze ou d'un bécarre par respect, disent-ils, des livres sacrés et de l'antiquité du plain-chant, les autres parceque leurs oreilles ne sont elles-mêmes pas assez sensibles; de certains organistes, dis-je, vont jusqu'à nier l'existence et la nécessité de cette note sensible.

Comme première preuve de son existence et de sa nécessité absolue j'engage les elèves à tou_ _cher la gamme harmonisée de l'ex:107 et d'omettre, à dessein, les SOL♯ des avant-derniers accords en montant et en descendant; ils verront comme ils seront désagréablement impressionnés.

---

(1) La tierce de l'accord de septième de dominante est toujours majeure, la quinte parfaite et la septième mineures; c'est d'après la seule résolution de cette septième que l'accord suivant est majeur ou mineur.

(2) Cette note sensible est le septième degré de la gamme mineure, et ce septième degré est toujours tierce dans l'accord de septième de dominante qui précède l'accord final.

En second lieu je les enverrai de nouveau en Alsace et en Allemagne; là le sentiment de cette note sensible est tellement profond, nonseulement chez les musiciens mais même dans le peuple, qu'il serait impossible à ce dernier de l'entendre omettre sans qu'un mouvement de surprise et de malaise se manifeste; j'ai été personnellement témoin de plus d'un fait de cette nature.

Ensuite cette nécessité est devenue encore plus grande depuis l'emploi de l'orgue dans les églises; j'admets que la chose soit moins sensible pour quelqu'un qui n'est pas harmoniste, qui n'a jamais entendu accompagner le plain-chant ou qui n'a jamais entendu chanter ces notesque de la façon contraire; on se fait à tout, malheureusement, et l'oreille (j'ai eu occasion d'en faire cent fois l'expérience) n'est pas exempte de cette infirmité; mais puisque l'harmonie demande cette note sensible, puisque l'oreille est plus satisfaite en l'entendant, pourquoi la martyriser pour la bagatelle d'un dièze ou d'un bécarre.

Voici ce que dit à ce sujet, dans sa méthode de plain-chant, le savant et consciencieux organiste et maître de chapelle de la cathédrale de Strasbourg, Mr Wackenthaler.

Dans le 1er ton (1) il est souvent nécessaire d'altérer par le dièze les Ut et les Sol; les Ut, quand ils sont placés entre deux Ré dont le second fait repos; les Sol, quand ils sont placés entre deux La dont le second fait repos. Ces changements, dit-il, qui ne sont pas marqués dans les livres, restent abandonnés à l'oreille de celui qui chante.

De celui qui chante, oui, car encore une fois, je conviens que cela fait moins mauvais effet quand on chante sans accompagnement; mais avec accompagnement je soutiens le con_traire car, nonseulement le mauvais effet devient plus sensible mais, dans de certains cas, il devient très difficile, sinon impossible, à l'organiste le plus habile dans la science de l'harmonie, d'accompagner correctement sans introduire cette note sensible.

En voici quelques exemples; d'abord le premier Kyrie de la messe du 1er ton de H. Dumont, communément appelée Missa Regia.

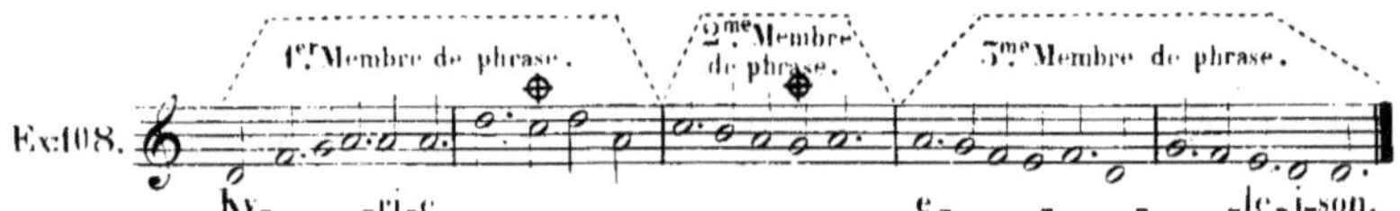

D'après moi tout le premier membre de phrase est en ré mineur, alors pourquoi ne met-on pas de dièze devant le do qui porte ce signe ⊕? do ♯ est cependant la note sensible de ré mineur et la tonalité établie dans la première mesure est bien celle de ce ton.

Dans le second membre de phrase il faut le do naturel parceque, d'après moi il est en la mineur; mais là encore la note sensible manque et je ne comprends pas qu'on puisse chanter cela sans le sol ♯ à ce signe ⊕.

(1) Et il fait une remarque pareille à chaque ton mineur.

Dans le troisième membre de phrase le SOL redevient naturel parcequ'on retourne en RÉ MI_
_NEUR, ton dans lequel finit le KYRIE. Voici comme je le ferai toujours chanter; ceux qui ont l'oreille
tant soit peu musicale conviendront avec moi que c'est la seule manière correcte.

Ex:109.

En voici un autre exemple, le premier Kyrie de IN DOMINICIS PER ANNUM; je demande à tous
ceux qui ont tant soit peu de sentiment musical s'il est possible de finir ce KYRIE par un DO
NATUREL? si jamais une phrase entière a été écrite en RÉ MINEUR c'est sans contredit celle-
_ci, et cependant le DO #n'est pas marqué.

Ex 110.

Un troisième et dernier exemple, pris dans la prose des morts, achèvera peut-être de con_
_vaincre les incrédules. Tout musicien convient que le mode mineur convient au plus haut degré
pour exprimer la tristesse, et il l'exprime en effet; y a-t-il dès lors un morceau, dans tous les
chants de l'église, qui demande plus à être chanté et accompagné dans ce mode que la prose
des morts? et cependant, dès la première phrase, vous sortez du mineur si vous chantez le DO
NATUREL qui s'y trouve; et enfin la phrase est éminemment mineure, il faut donc DO#. Dans les autres
phrases le DO NATUREL est parfaitement placé parcequ'il est possible à l'organiste de moduler en DO MA_
_JEUR ou en FA MAJEUR, mais dans la première phrase le DO NATUREL serait un immense contre sens.
Voici comment je comprends la première strophe.

En cinquième lieu il est constant que du temps où Sᵗ. Grégoire a composé ses admirables
morceaux de plain-chant on ne connaissait pas encore la science de l'harmonie, ou au moins
n'était-elle pas encore astreinte aux règles fixes qui la régissent aujourd'hui; pourquoi donc
l'art d'accompagner le plain-chant ne suivrait-il pas le progrès?

Enfin, et sixièmement, on est en mineur ou l'on est en majeur; hors de ces deux modes je
ne connais plus de musique. Je suis d'avis de conserver les notes naturelles toutes les fois qu'une
modulation consciencieuse et pas trop brusque peut le permettre; sans cette condition je reste dans
le ton mineur et je fais les notes sensibles. En vain ceux qui soutiennent l'ancienne notation
diront-ils que par là on ôte la gravité au plain-chant, — LA GRAVITÉ CONSISTE AVANT TOUT À
NE PAS CHANTER FAUX; — ou bien qu'on le change — JE NE CHANGE PAS UNE SEULE NOTE, je l'arme sim_
_plement d'un dièze ou d'un bécarre pour ne pas blesser le sentiment musical des fidèles.

Un unique exemple suffira pour faire comprendre comment on peut accompagner un chant mi_
_neur en extrayant les accords d'une gamme harmonisée sur le modèle de celle de l'ex:107.

Je suppose qu'il s'agisse d'accompagner le Kyrie de l'exemple 110 qui est en ré mineur. Harmonisons d'abord la gamme de ré mineur sur le modèle de celle de la mineur (ex: 107) et nous n'aurons plus qu'à extraire de cette gamme l'accord qui correspond à chaque note du Kyrie d'après le degré que cette note occupe dans la gamme.

Toutes les notes de ce Kyrie se trouvent dans la gamme harmonisée de l'ex:112; toutes, à l'ex_ _ception du si bet du do #, se trouvent même dans cette gamme avec deux harmonies différentes, l'une dans la gamme montante, l'autre dans la gamme descendante; ainsi le 4.me degré (sol) a do pour basse en montant, tandis qu'en descendant c'est un sol; en montant l'accord est majeur, en descendant il est mineur. Le 5.me degré (la) a fa pour basse en montant, tandis qu'en descendant cette basse est un ré; en montant l'accord de fa est majeur, en descendant l'accord de ré est mineur. Le 8.me degré (ré à l'octave) a ré pour basse en montant, tandis qu'en descendant cette basse est si b; en montant l'accord est mineur, en descendant il est majeur.

D'après cette circonstance on pourrait croire que l'ex:113 peut être régulièrement accompa_ _gné avec l'une ou l'autre harmonie; il n'en est rien. En effet, si nous accompagnons avec l'harmonie de la gamme montante toutes les notes du kyrie pour lesquelles ce sera possible, nous ferons quatre octaves et autant de quintes consécutives comme le prouve l'exemple suivant:

tandis qu'en nous servant de l'harmonie de la gamme descendante ces fautes n'auront plus lieu.

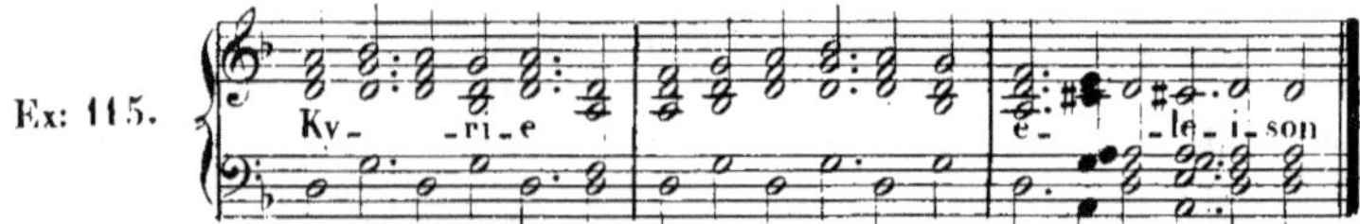

Il faudra donc que l'élève, tant qu'il se servira de cette manière d'accompagner les morceaux mineurs, c'est-à-dire tant qu'il n'aura pas appris le chapitre des modulations, des renversements, et tant qu'il ne connaîtra pas d'autres accords, il faudra, dis-je, que l'élève ait bien soin de choisir dans les deux harmonies les accords qui ne produisent point de fautes dans leur suite.

Quant à ceux qui ne voudront pas admettre la note sensible ils seront parfaitement libres d'accompagner le do naturel comme il l'est au 7.me degré de la gamme descendante.

CHAPITRE VIII.

DES MODULATIONS.

En plain-chant, comme en musique ordinaire, on dit que tel ou tel morceau est dans tel ou tel ton; ainsi on dit que les morceaux du 1er TON sont en RE MINEUR, ceux du 3me TON en UT MAJEUR, ceux du 6me TON en FA MAJEUR, etc. Mais il ne faut pas conclure de cela que ces morceaux, quelque peu d'étendue qu'ils aient, restent d'un bout à l'autre dans le ton par lequel ils ont commencé; il arrive au contraire très souvent qu'au bout de quelques mesures seulement une phrase ou un membre de phrase soit emprunté à une gamme autre que celle du ton principal, mais au bout de cette phrase ou de ce membre de phrase on rentre ordinairement dans le ton primitif.

Ce passage d'un ton à un autre s'appelle MODULATION.

Il serait à souhaiter que tout musicien connût à fond ce puissant et magnifique moyen de variété que la science de l'harmonie met à sa disposition; bien des musiciens chanteraient et joueraient plus juste s'ils pouvaient se rendre compte des différentes modulations d'un morceau, et ils éprouveraient des jouissances infinies s'ils savaient analyser ce morceau sous ce rapport et sous bien d'autres encore.

Cette connaissance n'est cependant pas absolument nécessaire à celui qui ne fait que chanter: quand il trouve un dièze, un bémol ou un bécarre devant une note il hausse ou il baisse cette note d'un demi-ton, son savoir peut RIGOUREUSEMENT se borner là. Mais l'organiste accompagna_teur est obligé d'en savoir bien davantage s'il ne veut pas être embarrassé toutes les fois que se présente un dièze, un bémol ou un bécarre, car ordinairement un de ces accidents amène une modulation.

Dans un morceau de plain-chant on ne rencontre le plus souvent que trois sortes de modu_lations; étant écrit dans un ton donné il peut moduler : 1° dans son ton relatif, 2° dans le ton qui a un accident de plus, 3° dans celui qui a un accident de moins. Supposons un morceau en DO MA_JEUR: il ne sortira guère de ce ton que pour passer en LA MINEUR, son relatif mineur; en SOL MAJEUR, à la quinte supérieure; et en FA MAJEUR, à la quinte inférieure. Il est évident alors que le FA ♯ annoncera le ton de SOL MAJEUR, et le FA ♮ le retour en DO MAJEUR; le SI ♭ nous mènera en FA MAJEUR, et le SI ♮ de retour en DO MAJEUR; enfin le SOL ♯, note sensible de LA MINEUR, nous annoncera ce dernier ton, tandis que le SOL ♮ nous ramènera au ton primitif.

Par extension et par parenté un morceau de plain-chant module aussi quelquefois dans les tons relatifs mineurs des tons qui ont un accident de plus ou un accident de moins, mais cela beaucoup plus rarement; ainsi il peut aller de DO MAJEUR en MI MINEUR, qui est relatif de SOL MAJEUR, alors c'est le RE ♯ qui indique cette modulation; ou bien en RE MINEUR qui est relatif de FA MAJEUR, alors la note sensible qui indique cette modulation est DO ♯.

Mais bien souvent les modulations ont lieu sans que ces signes distinctifs les annoncent, et dans ce cas elles sont plus difficiles à reconnaître; cependant quand une autre note que la toni_ _que FAIT REPOS on peut, ordinairement, être certain qu'il y a modulation; ainsi si, dans un morceau en DO MAJEUR, il y avait un repos sur SOL ou sur FA, on pourrait être presque certain qu'il y a modulation dans l'un ou dans l'autre de ces tons.

Voici un certain nombre d'exemples qui donneront la clef de ce qui vient d'être dit.

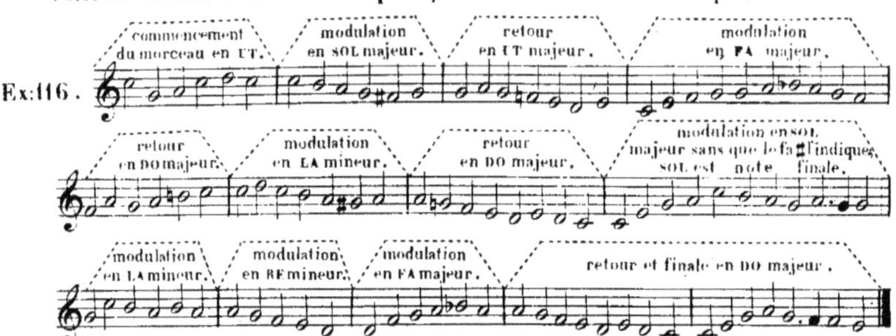

Pour moduler d'un accord à un autre il suffit, la plupart du temps, de mettre entre les deux accords l'accord de septième construit sur la dominante du ton dans lequel on veut aller; la ré_ _solution de cet accord de septième amène l'accord voulu. Ainsi pour moduler d'UT en SOL mettez entre les deux accords l'accord de septième construit sur la dominante de SOL qui est RE; la résolution de l'accord de septième construit sur ce RE donnera infailliblement l'accord de SOL.

Mais remarquez bien qu'il doit toujours y avoir AU MOINS UNE NOTE COMMUNE entre l'accord du_ quel on part et l'accord de septième. Plus ces notes communes sont nombreuses plus la modulation est bonne et agréable à l'oreille; quand ces notes communes manquent absolument la modulation est d'une dureté insupportable et par conséquent mauvaise. Ainsi dans les deux exemples suivans la première, d'UT en FA, est excellente, toutes les notes étant communes; la seconde d'UT en MI, est mauvaise, à cause de l'absence de toute note commune.

Ceci nous conduit à classer les modulations en deux catégories:les MODULATIONS FACILES et les MODULATIONS DIFFICILES.

Les modulations faciles sont celles qui peuvent se faire avec le secours d'un seul accord intermédiaire,du simple accord de septième de dominante; toutes les modulations qui donnent au moins une note commune entre l'accord duquel on part et l'accod de septième qui con_ _duit dans le second,sont_de la premiere catégorie.

La deuxième catégorie comprend les modulations où il n'y a aucune note commune entre le premier_accord et l'accord de septième,comme dans l'ex:119.Un simple accord de septième ne suffit plus dans ce cas,il faut alors PLUSIEURS accords intermédiaires,et c'est pour cela qu'on appelle ces modulations DIFFICILES.

MODULATIONS FACILES. En partant d'un ton donné on peut aller,avec le simple intermé_ _diaire de l'accord de septième,aux intervalles SUPÉRIEURS suivants: SECONDE MINEURE, SECONDE MA_ _JEURE, QUARTE JUSTE, QUINTE PARFAITE,SIXTE MINEURE,SIXTE MAJEURE et SEPTIÈME MINEURE.___ Et par suite de la règle des intervalles renversés aux intervalles INFÉRIEURS suivants: SEPTIÈME MAJEURE,SEPTIÈME MI_ _NEURE,QUINTE PARFAITE,QUARTE JUSTE,TIERCE MAJEURE,TIERCE MINEURE et SECONDE MAJEURE.

Ex: 120.

J'engage les élèves à reproduire ce tableau en commençant par toutes les notes de la gamme chromatique,car ces modulations peuvent se présenter dans tous les tons.

Nous avons déjà dit que plus les notes communes sont nombreuses plus la modulation est douce et agréable à l'oreille; or il résulte de l'inspection du tableau ci-dessus que la modulation qui a le plus grand nombre de notes communes est celle qui va à la quarte juste supérieure (ou quinte parfaite inférieure).En partant d'un ton quelconque,et en continuant à moduler toujours à la quarte supérieure (ou quinte inférieure),on peut parcourir tout le cercle harmonique et revenir au ton duquel on est parti.C'est un des moyens les plus sûrs et les plus faciles,mais aussi,selon le ton dans lequel on va,un des plus longs pour aller d'un ton dans un autre.

Ex:121.

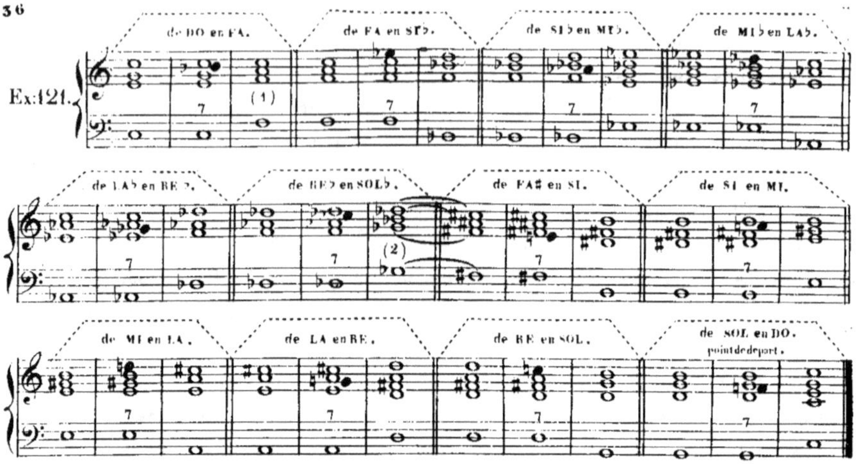

Ex:122.

On voit par cet exemple qu'une seule modulation suffit pour aller d'un ton donné à celui qui n'a qu'un bémol de plus ou un dièze de moins; mais ce chemin serait beaucoup trop long s'il s'agissait, par exemple, d'aller de DO en SOL: il faudrait onze modulations! il vaut mieux, dans ce cas, suivre la marche indiquée à l'ex:120.

Il y a cependant un moyen de raccourcir le chemin de l'ex:121; on aura déja remarqué que, dans cet exemple, les basses descendent toujours d'une quinte ou montent toujours d'une quarte; on pourrait par conséquent, introduire la septième immédiatément dans l'accord suivant; cet accord se trouverait alors en même temps la résolution de l'accord précédent et l'accord de septième conduisant dans l'accord suivant. On aurait, de la sorte, une suite non interrompue d'accords de septième qui, employée avec discernement, produit toujours un charmant effet.

(1) Je ne donne ordinairement que la résolution majeure; il est bien entendu, une fois pour toutes, que pour aller dans un ton mineur la septième descend d'un TON; ainsi, si on voulait aller de DO en FA MINEUR au lieu de FA MAJEUR, on n'aurait qu'à bémoliser le LA. J'engage les élèves à reproduire dans ce sens tous les exemples qui ont trait aux modulations.

(2) Arrivé à SOL♭ on fait un changement enharmonique, on change l'accord de SOL♭ en celui de FA♯: de cette manière on retourne au point de départ en ôtant toutes les fois un dièze, après être arrivé à moitié chemin en ajoutant, à chaque modulation, un ♭.

En se servant de cette suite de septièmes on n'aura qu'à s'arrêter à l'accord dont la résolution con_ _duit dans le ton dans lequel on veut aller, et faire cette résolution sans y introduire une nouvelle septième.

On peut faire des progressions pareilles avec toutes les modulations faciles; en voici un exemple de chaque, mais je ne fais que les indiquer, ce sera à l'élève a les compléter. Il faudra avoir soin de faire un changement enharmonique toutes les fois que les dièzes ou les bémols dépasseraient le nombre six.

Progression à la SECONDE MINEURE SUPÉRIEURE OU SEPTIÈME MAJEURE INFÉRIEURE.

Ex: 123.

L'eleve devra continuer jusqu'au retour en UT MAJEUR; il fera aussi la même progression dans le mode mineur, en commençant par UT MINEUR.

A la SECONDE MAJEURE SUPÉRIEURE OU SEPTIÈME MINEURE INFÉRIEURE.

Ex: 124.

A continuer jusqu'au retour en UT; recommencer la même progression par RE♭ pour avoir les demi-tons intermédiaires; mettre le tout en mineur.

A la QUINTE PARFAITE SUPÉRIEURE OU QUARTE JUSTE INFÉRIEURE.

Ex: 125.

A continuer et à mettre en mineur. Remarquez que cette progression est la même que celle de la quarte juste supérieure (ex: 121) en ce sens qu'elle passe par tous les tons; mais elle diffère de cette dernière en ce qu'elle suit le chemin contraire: dans l'ex: 121 on va par les bémols et on revient par les dièzes, tandis que dans l'ex: 125 on va par les dièzes et on revient par les bémols; c'est à dire qu'arrivé à FA♯ il faudra faire le changement enharmonique en SOL♭.

Remarquez encore qu'avec l'une ou l'autre de ces deux progressions (ex: 124 ou 125) on est certain d'arriver au ton voulu après un certain nombre de modulations; il est cependant évident que pour aller d'un ton bémolisé dans un autre ton bémolisé on y arrivera plus vite par l'exemple 124, et réciproquement, d'un ton dièzé dans un autre ton dièzé, par l'ex: 125.

A la SIXTE MINEURE SUPÉRIEURE OU à la TIERCE MAJEURE INFÉRIEURE.

Ex: 126.

Dans cet exemple on est de retour dans le ton primitif après trois modulations. Les élèves le reproduiront d'abord en majeur en commençant par DO♯, RE et MI♭ et ils auront parcouru toute l'échelle chromatique; ensuite ils mettront le tout en mineur,

A la SIXTE MAJEURE SUPÉRIEURE OU à la TIERCE MINEURE INFÉRIEURE.

Ex: 127.

Avec cette progression on est de retour dans le ton primitif au bout de quatre modulations; pour parcourir toute l'échelle chromatique il faudra la reproduire en commençant par RE♭ et RE♮.

A la SEPTIÈME MINEURE SUPÉRIEURE OU SECONDE MAJEURE INFÉRIEURE.

Ex: 128.

A continuer. Remarquez que cette progression suit le chemin contraire de celle de l'ex: 124; dans dans l'ex: 124 on monte toujours d'un ton, dans l'ex: 128 on descend d'un ton. Il faudra reproduire cet exemple en commençant par DO♯ pour avoir les demi-tons intermédiaires. Recommencer en mineur.

Nous avons déjà dit plusieurs fois que plus il y a de notes communes dans une modulation plus elle est agréable à l'oreille; il faudra bien se convaincre de cela en touchant de nouveau les différentes modula_ _tions de l'ex:120. Pour rendre plus agréables et moins dures celles qui n'ont qu'une seule note commune, on peut augmenter le nombre de ces dernières en rendant MINEUR l'accord duquel on part avant de poser l'accord de septième; cela se fait surtout en allant à la SECONDE MINEURE SUPÉRIEURE, à la SIXTE MINEURE SUPÉRI_ _EURE, et à la SEPTIÈME MINEURE SUPÉRIEURE. En voici les exemples:

A la seconde mineure supérieure ou septième majeure inférieure.

Ex:129.

A la sixte mineure supérieure ou à la tierce majeure inférieure.

Ex:150.

A la septième mineure supérieure ou à la seconde majeure inférieure.

Ex:131.

Quant aux autres modulations qui n'ont qu'une seule note commune on peut les rendre meilleures en introduisant, entre l'accord duquel on part et l'accord de septième, un ou plusieurs accords intermédiaires en se fondant sur le principe suivant: DEUX ACCORDS D'UN TON DIFFÉRENT PEUVENT SE SUIVRE IMMÉDIATEMENT, SANS L'INTERPOSITION DE L'ACCORD DE SEPTIÈME, TOUTES LES FOIS QUE LA BASSE DESCEND D'UNE TIERCE. C'est encore un autre moyen de parcourir toute l'échelle chromatique en passant par les bémols et en revenant par les dièzes. Si le premier accord est majeur le second doit être mineur, alors le changement de ton se fait à la tierce mineure; si, au contraire, le premier accord est mineur le second doit être majeur et alors le change_ _ment se fait à la tierce majeure. Il s'en suit que la basse descend alternativement d'une tierce mineu_ _re et d'une tierce majeure, et que les accords eux mêmes seront alternativement majeurs et mineurs dans l'ordre suivant: DO MAJEUR, LA MINEUR, FA MAJEUR, RE MINEUR, SI♭ MAJEUR, SOL MINEUR, etc.

Ex:152.

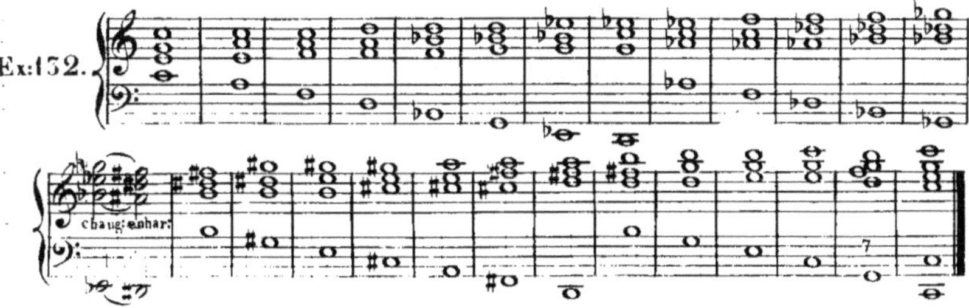

C'est ainsi que la modulation à la quinte parfaite supérieure (ou quarte juste inférieure) ac _
_quiert deux notes communes au lieu d'une seule qu'elle a dans l'ex: 120 .

Deux accords parfaits peuvent aussi se suivre immédiatement(sans l'interposition de l'accord de
7ᵐᵉ): 1º Quand la basse monte d'une quarte ou descend d'une quinte. Dans ce cas quand le
premier accord est majeur le second peut être majeur ou mineur .

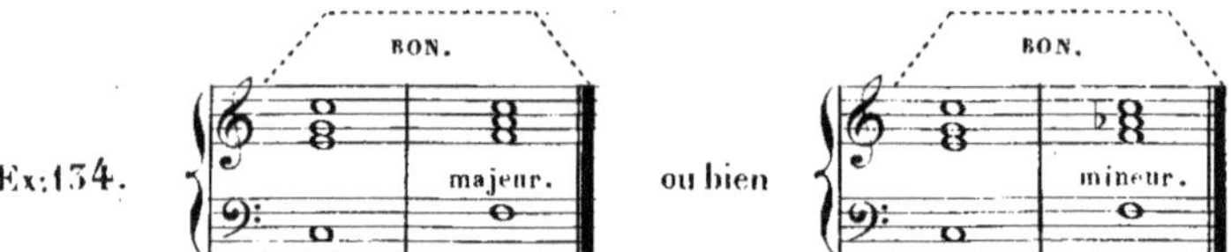

Quand, au contraire, le premier accord est mineur le second ne peut être également que mineur.

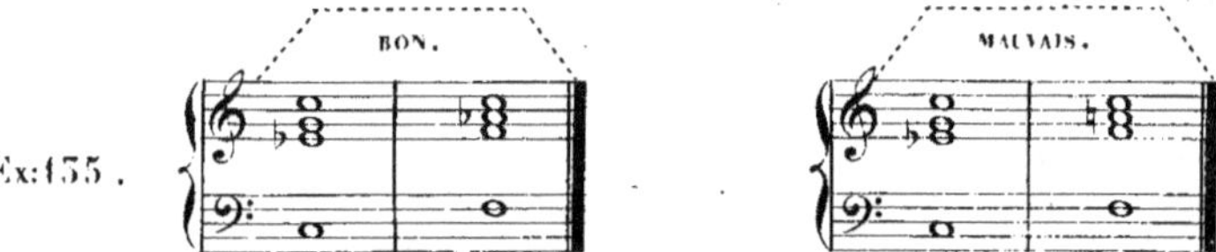

2º Quand la basse monte d'une quinte ou descend d'une quarte. Dans ce cas, quand le pre_
_mier accord est majeur le second doit l'être également .

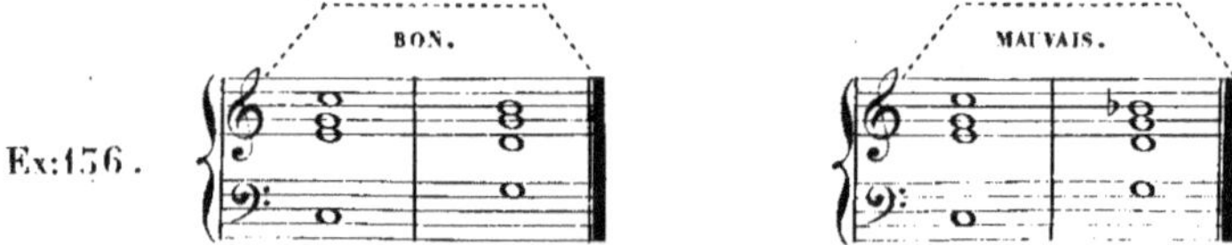

Quand, au contraire, le premier accord est mineur le second peut être majeur ou mineur .

3. Quand la basse monte d'une tierce majeure. Dans ce cas le premier accord doit être ma_ _jeur et le second mineur .

Ex: 138 .

4.° Quand la basse descend d'une tierce majeure ou monte d'une sixte mineure. Dans ce cas le premier accord doit être mineur et le second majeur .

Ex: 139 .

Nous avons maintenant à notre disposition tous les moyens nécessaires pour faire les mo_ _dulations qui se présentent le plus ordinairement dans les morceaux de plain-chant. Nous allons les appliquer à l'ex: 116 et à quelques autres exemples tirés du Graduel même, et ce n'est qu'après que nous nous occuperons des modulations difficiles dont l'emploi, dans l'accompagnement du plain- -chant, n'est pas nécessaire et qu'on fera bien, dans tous les cas, de n'employer que quand on sera par_ _faitement rompu sur les difficultés qu'elles présentent. Ce n'est pas tout, en effet, d'arriver dans un ton au moyen d'une modulation quelconque, même parfaitement employée; le plus difficile, souvent, est de revenir par un bon chemin à son ton primitif.

J'ai dit plus haut qu'il n'était pas absolument nécessaire que le chantre sache quand la mélodie passe dans un autre ton, cependant, et je le répète, on chanterait en général bien plus juste si l'on se rendait compte des différentes modulations; j'ai, malgré cela, fait remarquer qu'une modulation est ordinairement amenée par un accident (dièze bémol ou bécarre) ; mais très souvent, et particu_ _lièrement dans l'édition du Graduel de Rheims, ces accidents ne sont pas marqués, et dans ce cas, comme le dit Mr Wackenthaler, c'est à l'oreille du chantre a saisir l'utilité et l'opportunité de ces accidents. Du reste cette difficulté ne se rencontre guère que dans les tons mineurs et particulièrement quand il y a un repos sur la tonique précédée de la septième ou sur la dominante précédée de la quarte. Ainsi, comme je l'ai déja dit, dans le 1.er ton qui se chante en re mineur, le do entre deux re dont le second fait repos, et le sol entre deux la dont le second fait repos, doivent être tous deux sensibles, et cependant la plupart du temps, les do ♯ et les sol ♯ ne sont pas marqués .

L'organiste accompagnateur, au contraire, ne peut absolument pas ignorer à quels endroits la mélodie change de ton; il le peut d'autant moins que, presque toujours, la modulation commence pour lui avant que l'accident qui l'indique ne soit là; il est obligé de préparer ou de faire cette mo- avant l'arrivée de la note accidentée

Nous allons mettre en harmonie l'ex: 116 et après nous l'analyserons.

J'ai numéroté les mesures pour que nous puissions nous retrouver plus facilement dans l'analyse.

La 1re mesure est entièrement en DO MAJEUR; je n'ai pas introduit la septième dans le second accord parceque la tierce de l'accord suivant aurait été doublée.

La 2me mesure module en SOL MAJEUR comme l'indiquent le FA♯ et la note finale; mais remar_ _quez que je fais la modulation dès le troisième accord en considérant le LA de la mélodie comme extrait de la gamme de SOL; cette manière de faire évite du reste une octave et une quinte consé_ _cutives que nous aurions faites forcément en accompagnant LA comme sixte de la gamme de DO.

La 3me mesure rentre en DO MAJEUR, comme l'indique le FA♮. Sur les trois septièmes je n'en ai intro_ _duit qu'une seule parceque dans la résolution des deux autres la tierce aurait été doublée.

La 4me mesure module en FA MAJEUR, comme l'indique le SI ♭ et la note finale; on pourrait intro_
_duire la septième dans le deuxième accord, mais je ne l'ai pas fait parceque la première partie
de la mesure, qui comprend les quatre premiers accords, est encore positivement en UT, et la
modulation en FA ne se fait véritablement qu'à partir du SI ♭.

La 5me mesure rentre en DO MAJEUR, comme l'indique le SI ♮ et la note finale. Dans le cinquième
accord j'ai été obligé de mettre deux noires pour une blanche pour éviter une quinte consécutive.

La 6me mesure module en LA MINEUR, comme l'indique le SOL ♯ et la note finale; j'ai considéré
les trois premières notes du chant comme appartenant à la gamme de DO MAJEUR et je n'ai fait
ma modulation qu'au quatrième accord; mais j'aurais aussi bien pu les considérer comme apparte_
_nant à la gamme de LA MINEUR et les accompagner de la manière suivante:

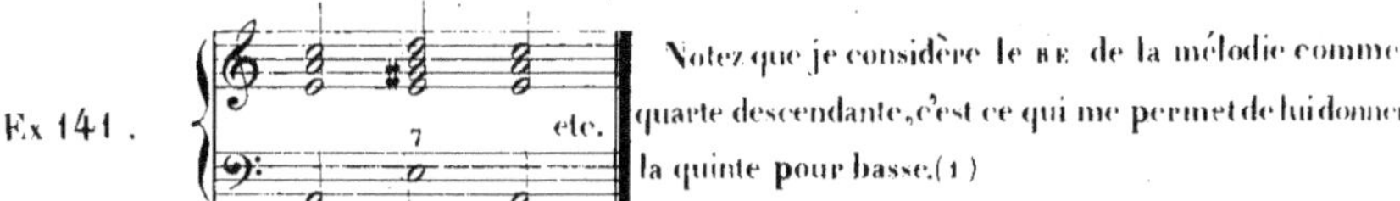

Ex. 141.

Notez que je considère le RE de la mélodie comme
quarte descendante, c'est ce qui me permet de lui donner
la quinte pour basse. (1)

Dans la 7me mesure le SOL ♮ et la finale indiquent le retour en DO MAJEUR.

Dans la 8me mesure la note finale seule indique la modulation en SOL MAJEUR; la première
moitié de la mesure est encore en DO MAJEUR et ce n'est que dans la deuxième qu'on module en SOL.

La 9me mesure contient deux modulations: la mesure précédente finit en SOL, dans les deux
premiers accords de la 9me on retourne en DO MAJEUR, et ce n'est qu'au troisième accord que l'on
peut entreprendre la modulation en LA MINEUR demandée par la note finale. Remarquez que dans
le premier accord, j'aurais pu accompagner le SOL par un simple accord parfait de DO; j'ai profité
de la règle relative à l'ex: 87, et la septième que j'ai pu y introduire fait un charmant effet; le
retour en DO MAJEUR en est bien plus remarquable et plus riche.

La note finale de la 10me mesure dit évidemment qu'on module en RE MINEUR; j'ai laissé le
premier accord mineur parceque l'introduction de la tierce majeure DO ♯ est moins dure et fait
meilleur effet dans l'accord de septième suivant.

---

(1) Nous verrons plus tard, dans un chapitre spécial, combien on peut mettre de variété dans l'accompagnement en
considérant un certain nombre de notes d'une phrase mélodique comme appartenant à d'autres gammes. Par ce
moyen on peut accompagner un chant donné de différentes manières toutes aussi bonnes les unes que les au_

La 11ᵐᵉ mesure module en FA MAJEUR, mais j'ai laissé les deux premiers accords en RE MINEUR en regardant les deux notes de la mélodie comme tonique et tierce de cette gamme. J'aurais aussi bien pu les regarder comme appartenant aussi à la gamme de FA MAJEUR, mais dans ce cas elles étaient sixte et octave de leur gamme et il aurait fallu les accompagner de la manière suivante:

On voit par l'analyse précédente qu'aussitôt que la mélodie fait une modulation toutes les no_tes appartenant à cette modulation soit considérées comme étant extraites de la gamme du ton dans lequel on veut aller, et les basses prises dans cette gamme. C'est une remarque de laquelle on ne pourra pas se rendre trop certain. Voici maintenant encore quelques exemples tirés du Graduel.

SANCTUS DE DUPLICIBUS ET SOLEMNIBUS FESTIS.

La 1ʳᵉ mesure de ce SANCTUS est entièrement en DO MAJEUR quoique la note finale soit un SOL; le FA NATUREL qui précède empêche la modulation en SOL; du reste ce n'est pas une phrase finale et le dernier SOL peut fort bien être accompagné comme quinte de la gamme de DO.

La 2ᵐᵉ mesure est entièrement en SOL MAJEUR, le premier SOL doit donc être regardé et accompagné comme tonique de la gamme de SOL et non pas comme quinte de celle de DO.

La 3ᵐᵉ mesure est pareille à la première, seulement pour mieux faire sentir que nous re_tournons en DO MAJEUR j'accompagnerais le SOL par la quinte et j'introduirais la septième, le retour en DO serait d'un effet bien plus puissant.

La 4ᵐᵉ mesure peut être accompagnée de deux manières: d'abord en regardant toutes les notes comme appartenant à la gamme de DO, ensuite (comme l'indique du reste la note finale) en les considérant comme appartenant à la gamme de RE MINEUR; cette dernière manière serait préfé_rable et d'un effet bien plus puissant et plus riche; dans ce cas il faudrait regarder le SOL comme quarte descendante et l'accompagner par l'accord de septième LA_DO♯_MI_SOL; le MI suivant se_rait aussi accompagné par l'accord parfait majeur de LA, et la résolution de l'accord de septième se ferait sur le FA. J'engage les élèves à essayer les deux manières ils sentiront que la modulation en RE MINEUR est préférable.

La 5.ᵐᵉ mesure est une phrase finale, mais qui a cela de particulier qu'elle n'est bien FA MAJEUR comme paraissent l'indiquer les premières notes, ni en DO MAJEUR, la note finale SOL s'y oppose, à moins qu'on ne regarde ce SOL comme appartenant à la gamme de DO, mais alors c'est une mauvaise finale, car toute finale doit être tonique; ni, enfin, en SOL MAJEUR, car le FA NATUREL qui précède la note finale s'y oppose également. Comment veut-on alors que, dans de pareilles conditions, l'orga_ _niste accompagne correctement cette phrase? pour bien l'accompagner il faut avant tout qu'il puisse lui assigner un ton quelconque; je veux bien considérer les trois premières notes comme appartenant ou à la gamme de FA ou à celle de DO, dans les deux cas elles sont accompagnées de la même manière; mais je prétends que la phrase finit en SOL et que par conséquent il faudrait FA♯ avant la note finale pour que l'on puisse faire la modulation correctement.

Je veux bien croire que la commission nommée par LL. EE. de Rheims et de Cambrai a pui_ _sé ses matières aux sources les plus authentiques; j'accorde d'autre part, comme je l'ai déjà dit, que ce FA NATUREL ne fait pas aussi mauvais effet quand on chante la phrase sans accompagnement; mais on conviendra, par contre, qu'aussitôt que l'harmonie s'en mêle ce FA♯ devient indispensable. (1) Celui qui admet l'orgue dans son église admet l'accompagnement du plain-chant et doit vouloir que cet accompagnement ne blesse pas les oreilles des fidèles; or je soutiens que l'oreille est désa_ _gréablement impressionnée quelque soit la manière dont on accompagne ce FA NATUREL.

Pour en finir avec cette mesure sur laquelle j'en ai déjà trop dit, je conseille de faire chan_ _ter FA♯ et par conséquent de faire une modulation en SOL pour finir la phrase.

Cette modulation sera d'autant mieux employée qu'elle préparera parfaitement l'accompa_ _gnement de la 6.ᵐᵉ mesure dont le commencement est aussi en SOL MAJEUR, car on ne rentre en DO que pour les deux dernières notes. On pourrait même accompagner toute la mesure en SOL car le chant continue dans ce ton pour les trois premières notes de la mesure suivante. Ce qui me confirme dans cette ma_ _nière de voir c'est que j'ai sous les yeux des éditions où les trois premières notes de la 7.ᵐᵉ mesure font partie de la 6.ᵐᵉ; je copie textuellement:

Ex: 145.

(1) Il y a cependant des cas où, malgré la meilleure volonté du monde et l'oreille la plus rebelle il est impossible de ne pas être choqué au dernier degré, même en l'absence de l'accompagnement. Je donne pour exemple les deux derniers KYRIE de la même messe; je voudrais savoir si dans les cathédrales de Rheims et de Cambrai on chante SI NATUREL dans l'endroit marqué de ce signe ⊕ ! cependant le SI ♭ n'est pas marqué.

Ex: 144.

A partir de la quatrième note la 7.me mesure retourne en DO MAJEUR pour finir par une mo_
_dulation en RE MINEUR.

J'engage les élèves à mettre en harmonie l'ex:145 en se fondant sur les observations dont
il vient d'être l'objet.

Voici un denier exemple tiré du TE DEUM.

Dans la 1.re mesure toutes les notes sont considérééés comme appartenant à la gamme de DO
MAJEUR et tirent par conséquent leurs basses de cette gamme. En Allemagne j'ai partout entendu chan_
_ter SOL# dans toute cette mesure, on l'accompagne par conséquent en LA MINEUR; cela m'a toujours fait
une profonde impression car cela rend la phrase encore plus grave et plus majestueuse.

Dans la 2.me mesure le SI est considéré comme sortant de la gamme de LA MINEUR et accom_
pagné en conséquence.

Dans la 3.me mesure le LA est considéré comme sortant de la gamme de SOL MAJEUR et, par
conséquent, accompagné comme SECONDE.

Toutes les mesures suivantes sont dans les mêmes conditions.

Dans la 9.me mesure le SI est considéré comme QUINTE de MI MINEUR et a pour basse la DOMI_
_NANTE d'après la règle de l'ex:87. C'est la résolution de cet accord qui nous conduit en MI MINEUR.

Maintenant que nous savons employer les modulations faciles dont l'emploi est le plus fréquent
dans l'accompagnement du plain-chant, nous allons nous occuper des modulations difficiles.

MODULATIONS DIFFICILES. Nous savons qu'on appelle modulations faciles celles qui peuvent
se faire avec un seul accord intermédiaire, un simple accord de septième. Les MODULATIONS DIFFI_
CILES sont celles où ce seul accord ne suffit pas, c'est à dire où il n'y a aucune note commune en
_tre l'accord duquel on part et l'accord de septième qui conduit dans le nouveau.

Voici la liste des modulations difficiles: Il est impossible, en partant d'un ton quelconque, de
moduler avec le simple secours de l'accord de septième de dominante 1.° à la TIERCE MINEURE SUPÉRIEU_
RE, 2.° à la TIERCE MAJEURE SUPÉRIEURE, 3.° à la QUARTE AUGMENTÉE SUPÉRIEURE, 4.° à la QUINTE DIMINUÉE SUPÉ
_RIEURE; et par conséquent d'après la règle des intervalles renversés 5.° à la SIXTE MAJEURE INFÉRIEURE, 6.°
à la SIXTE MINEURE INFÉRIEURE, 7.° à la QUINTE DIMINUÉE INFÉRIEURE, 8.° à la QUARTE AUGMENTÉE INFÉRIEURE.

Pour que ces modulations soient bonnes il faut interposer un certain nombre d'accords en_
_tre celui duquel on part et l'accord de septième qui conduit dans celui où l'on veut aller,de manière
à ce que celui qui précède immédiatement l'accord de septième ait avec celui-ci le plus de notes communes possible.

Voici ces différentes modulations; l'élève fera bien de les reproduire en partant de tous les
degrés de la gamme chromatique.

Ces modulations sont inutiles pour l'accompagnateur du plain-chant car jamais un morceau de
plain-chant ne module dans des tons aussi éloignés; je ne les ai données que comme exercices excel_
_lents pour l'élève et pour le cas ou l'on voudrait s'en servir dans un prélude ou une improvisation.

Du reste je répète le conseil que j'ai déjà donné de ne pas trop s'éloigner du ton primitif même
avec des modulations parfaitement employées. Je me rappelle avoir entendu, dans une cathédrale du
midi de la France, l'organiste qui touchait l'orgue d'accompagnement du chœur faire des modulations
magnifiques en accompagnant le plain-chant; mais souvent il lui arrivait de trop s'éloigner du
ton primitif, la suite de la mélodie ne lui permettait pas de placer les accords nécessaires pour
pouvoir y rentrer correctement et, surpris par cette difficulté inattendue, il était obligé d'attaquer
tout à coup un accord qui se trouvait à cent lieues du précédent.

CHAPITRE IX.

TONS DANS LESQUELS SONT ÉCRITS LES DIFFÉRENS MORCEAUX DE
PLAIN-CHANT.—TRANSPOSITION DE CEUX QUI NE SONT PAS ÉCRITS
DANS LE DIAPASON ORDINAIRE DE LA VOIX.—ENCORE UN MOT
SUR LA NÉCESSITÉ DES NOTES SENSIBLES.

On sait que les tons du plain-chant sont au nombre de huit; sur ces huit cinq sont du mode majeur et trois du mode mineur.

Les cinq tons du mode majeur sont les 3.me 5.me 6.me 7.me et 8.me

Les trois tons du mode mineur sont les 1.er 2.me et 4.me

Parmi ces huit tons du plain-chant les uns sont notés de manière à ce que la voix humaine puisse atteindre, avec facilité et sans efforts, les notes extrèmes tant à l'aigu qu'au grave; ils se chantent ordinairement tels qu'ils sont écrits. Les autres, au contraire, sont notés hors du diapason ordinaire de la voix et demandent à être transposés.

TRANSPOSER c'est chanter ou jouer un morceau de musique plus haut ou plus bas qu'il est noté. Pour le chanteur la transposition n'a d'autre difficulté que de trouver un ton convenable; une fois ce ton trouvé rien ne l'empêche de donner à la note qu'il chante son nom véritable, quoique l'intonation réelle de cette note, d'après le diapason, soit plus haute ou plus basse.

Mais pour l'accompagnateur la chose est plus difficile car il est obligé de lire une note et d'en toucher une autre ou, s'il veut lire la note telle qu'il doit la toucher, il est obligé de supposer une autre clef et d'autres accidens au commencement de son morceau.

Je vais donner quelques conseils sur la manière d'apprendre à transposer et ensuite je passerai en revue, dans leur ordre naturel, les huit tons du plain-chant en indiquant, pour chacun, le ton le plus convenable pour son exécution sous le rapport du diapason des voix.

Je suppose une phrase musicale écrite trop haut pour la voix, comme la suivante:

Ex: 151.

Je suppose maintenant que le chanteur, chargé de l'exécuter, ne puisse pas dépasser le sol au dessus de la portée; il faudra évidemment baisser la phrase de manière à ce que le RE, plus haute note de notre exemple, devienne un sol; or, l'intervalle qu'il y a entre le RE et le sol est une QUINTE; il faudra donc que toute la phrase soit transposée une quinte plus bas.

Notre exemple est en DO MAJEUR; une quinte plus bas que DO nous trouvons FA, c'est donc en FA MAJEUR qu'il faudra le transposer pour qu'il soit à la portée de la voix du chanteur. Mais ne perdez pas de vue qu'en FA MAJEUR il y a SI♭ à la clef et que la note qui, par la transposition, deviendra un SI devra être armée de cet accident, sans cela le rapport des intervalles entr'eux serait complètement changé; le premier soin du transpositeur devra donc être d'armer la clef de cet accident et ensuite il n'aura plus qu'à baisser chaque note d'une quinte et sa transposition sera faite.

Ex:152.
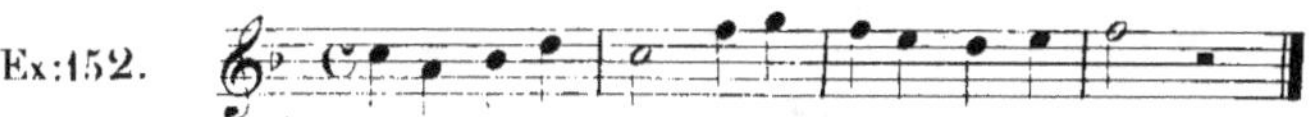

Voici maintenant un exemple noté trop bas et je suppose qu'il faille le hausser d'une sixte:

Ex:153.

La sixte supérieure de DO est LA, c'est donc en LA♮ si c'est à la sixte majeure, ou en LA♭ si c'est à la sixte mineure, qu'il faudra le transposer. Les notes que l'on obtiendra seront les mêmes dans les deux cas, mais les accidents seront changés; s'il s'agit de hausser à la sixte majeure (ou LA♮) il faudra trois dièzes à la clef; si, au contraire, on le veut un demi-ton plus bas, c'est-à-dire à la sixte mineure (ou LA♭), il faudra à la clef quatre bémols.

A LA SIXTE MAJEURE SUPÉRIEURE. Ex : 154.

A LA SIXTE MINEURE SUPÉRIEURE. Ex : 155.
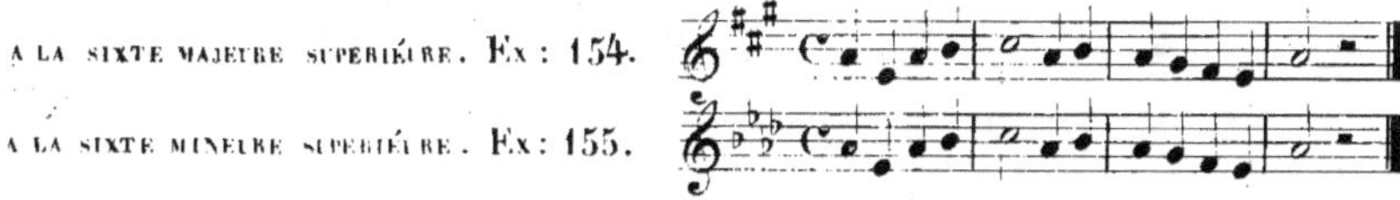

Ces transpositions, comme on le voit, sont très faciles à faire, mais la chose devient plus compli_ _quée quand il y a des ♯, des ♭ ou des ♮ devant les notes; selon le ton dans lequel on transpose le mor_ _ceau ces accidents ne restent pas les mêmes; quand on augmente le nombre des dièzes à la clef les ♭ peuvent devenir des ♮, les ♮ des ♯, et les ♯ des ✕; quand, au contraire, on augmente le nombre des bémols les ♯ peuvent devenir des ♮, les ♮ des ♭ et les ♭ des ♭♭. Ces changements n'ont cependant pas lieu quand, pour l'armure de la clef, on ne change pas les ♯ en ♭ et réciproquement.

Ex:156.

En transposant cet exemple en LA♮, c'est-à-dire un demi-ton plus haut, les ♭ deviennent des ♮, les ♮ des ♯ et les ♯ des ✕,

Ex:157.

tandis qu'en le transposant en SI♭, c'est-à-dire un ton plus haut, avec deux bémols de moins, les acci_ _dens ne seront pas changés.

Ex:158.

Voici maintenant un exemple avec cinq dièzes à la clef; en le transposant dans un ton bémo_
_lisé les ♯ deviendront des ♮, les ♮ des ♭ et les ♭ des ♭♭.

Ex: 159. 

Mettons-le en RE ♭, c'est-à-dire une tierce mineure plus haut.

Ex: 160. 

Remarquez que le DO X de la sixième mesure de l'ex: 159, marqué de ce signe ⊕, ne devient
que ♯ dans la transposition parceque, malgré le X, le DO n'est en réalité haussé que d'un demi - ton
vu que le DO ♯ est à la clef.

En mettant l'ex: 159 en MI ♮, avec un dièze de moins, les accidents ne changeront pas:

Ex: 161. 

Quand les dièzes qui sont à la clef ne sont pas changés en bémols mais qu'on diminue seule_
_ment le nombre, quelques-uns des accidents qui sont devant les notes peuvent changer mais les autres
restent pareils . La même chose a lieu quand les bémols de la clef ne sont pas changés en dièzes.

Ex: 162. 

Quand il s'agit de transposer des accords dont les notes sont affectées d'accidens différens il
faut encore plus d'attention et de réflexion. Il faut surtout se rappeler qu'on ne doit jamais changer
la nature des intervalles en faisant des changemens enharmoniques, c'est - à - dire en écri_
_vant, par exemple, un MI ♭ pour un RE ♯, un FA ♯ pour un SOL ♭, etc. Ainsi la transposition
de cet accord serait défectueuse de cette manière , il faudrait
quoique FA ♯ et SOL ♭ se fassent, sur le clavier de l'orgue ou du piano, par la même touche; à l'oreille
l'effet serait le même, mais aux yeux de celui qui a étudié l'harmonie ce serait une faute d'or_
_thographe musicale très grave, la résolution de l'accord écrit avec FA ♯ n'étant pas la même
que celle de l'accord écrit avec SOL ♭. C'est ce qu'on comprendra du reste mieux quand nous aurons
fait connaissance avec les différents accords dissonnants.

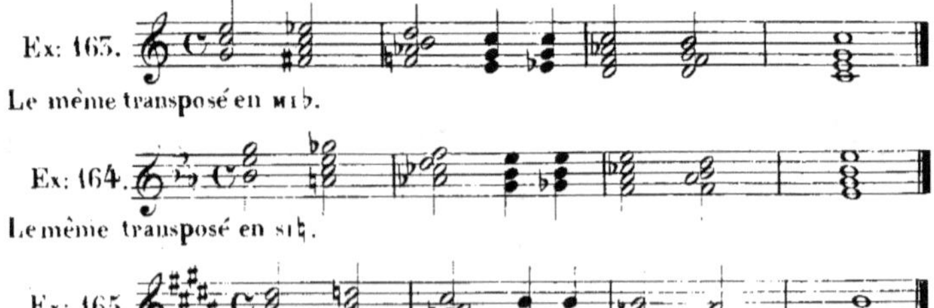

Ex: 163.

Le même transposé en MI ♭.

Ex: 164.

Le même transposé en SI ♮.

Ex: 165.

Tout ce que j'ai dit jusqu'ici sur la transposition s'applique plus particulièrement à la transposition écrite,suppose par conséquent le temps de la réflexion et ne présente,par cela même,aucune difficulté sérieuse. Mais l'organiste qui accompagne le plain-chant à livre ouvert est obligé de transposer INSTANTANÉMENT non seulement la note qu'il voit dans le livre qu'il a devant lui,mais en même temps toutes les notes composant l'accord qu'il frappe sur cette note du chant. On conçoit aisément avec quelle rapidité sa pensée doit opérer pour que tout arrive en temps utile,et dans ce cas la manière de transposer que nous venons de voir serait beaucoup trop longue;on se sert alors de la manière suivante

On sait qu'une seule et même note,restant constamment sur la même ligne de la portée, change de nom et devient par le fait une autre note toutes les fois que l'on met devant elle une clef différente;ainsi dans l'ex:suivant,le si de la clef de sol seconde ligne reste toujours sur la troisième ligne et prend cependant le nom des sept notes de la gamme à cause des changements de clefs .

Ex:166.
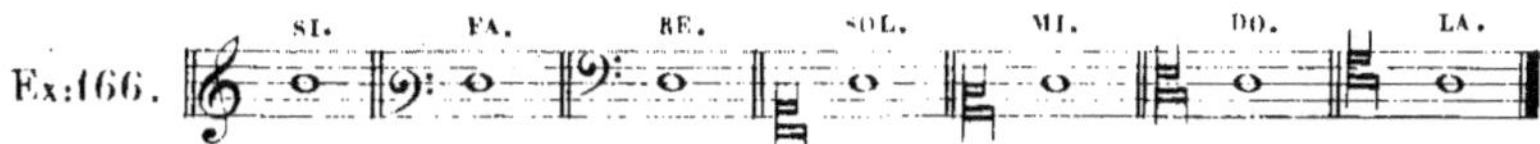

On comprend aisément que pour transposer un morceau quelconque dans quel ton que ce soit il suffit de remplacer la clef existante par celle des sept clefs ci-dessus qui donne à la tonique du morceau le nom du ton dans lequel on veut le transposer,en ayant soin de changer l'armure de la clef,et la transposition se trouve toute faite. Il n'y a même pas besoin d'écrire cette clef et ces accidens,il suffit de les SUPPOSER au commencement de chaque portée .

Un seul exemple suffira pour faire comprendre l'excellence et la promptitude de ce système de transposition;je suppose que j'aie à transposer le SALVE REGINA de l'ex:61 qui est écrit en UT .

Ex:167.
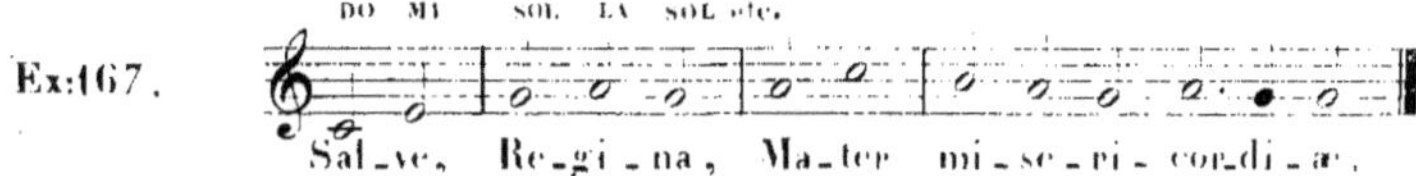

Voulez-vous le transposer un ton plus haut,en RE,ne changez pas une note,mais REMPLACEZ LA CLEF DE SOL PAR LA CLEF D'UT 3me LIGNE ET SUPPOSEZ DEUX DIÈZES À LA CLEF,votre transposition sera toute faite .

Ex:168.
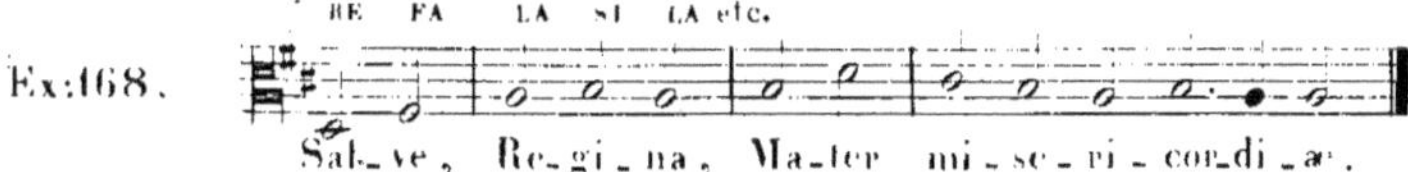

Le voulez-vous une tierce mineure plus haut, en MI ♭, supposez devant vos notes (que vous ne changez jamais) la clef de fa 4.me ligne armée de trois bémols.

Le voulez-vous une tierce majeure plus haut, en MI ♮, la clef de fa 4.me ligne reste, mais vous changez les trois bémols en quatre dièzes.

Le voulez-vous, au contraire, un demi-ton plus bas, en si ♮, supposez au commencement du morceau la clef d'Ut 4.me ligne armée de cinq dièzes.

Pour l'avoir un ton plus bas, en si ♭, vous ne changez pas la clef, mais vous remplacez les cinq dièzes par deux bémols. Et ainsi de suite pour le mettre dans tous les tons possibles.

On pourra m'objecter que pour se servir de ce système il faut parfaitement connaître ses notes dans toutes ces clefs; cela est vrai; mais la difficulté n'est pas bien grande: à moins d'avoir le talent de toucher de l'orgue sans connaître une note de musique, ce qui est fort rare, j'imagine que tout organiste doit connaître au moins la clef de sol 2.me ligne et la clef de fa 4.me ligne de la musique ordinaire, et de plus les clefs de fa et d'Ut du plain-chant, donc l'objection est détruite.

Au reste, au bout de quelque temps on se fait de cela, par la pratique, une telle habitude que l'on parvient à transposer machinalement sans n'avoir plus besoin de s'occuper ni de clefs ni d'accidens, et cette pratique vient encore plus vite qu'on ne le croit.

Je vais maintenant prendre, l'un après l'autre, les huit tons du plain-chant et indiquer les tons dans lesquels ils sont notés, les clefs employées pour chacun, les tons les plus convenables pour le chanteur et les modulations qu'on y rencontre le plus fréquemment; j'indiquerai également quels sont ceux qui doivent être transposés.

Le 1.er TON est ordinairement écrit en clef d'Ut quatrième ligne et se chante ou se joue tel qu'il est noté, c'est à dire en RE MINEUR; je ne l'ai jamais entendu chanter plus haut, mais très souvent un ton plus bas, c'est à dire en DO MINEUR, et cela surtout quand les chantres sont fatigués ou quand la nature de leurs voix fait qu'ils chantent plus facilement bas que haut.

La tonique du 1.er ton est donc RE et la dominante LA.

La comission qui a élaboré le Graduel et l'Antiphonaire de Rheims et de Cambrai admet un 9.me ton mixte qui n'est autre chose que le 1.er, mais écrit en clef d'Ut 2.me ou 3.me ligne; cela n'empêche pas qu'il doit toujours être chanté en RE MINEUR, seulement on est alors obligé de le transposer en supposant la clef d'Ut sur la 4.me ligne quand elle est sur la 2.me, et la clef de fa sur la 3.me ligne quand le morceau est écrit en clef d'Ut 3.me ligne.

Les tons dans lesquels le 1er ton module le plus souvent sont: FA MAJEUR, DO MAJEUR et LA MINEUR. Quelquefois, mais rarement, il module en SOL MAJEUR; cette dernière modulation ne peut du reste avoir lieu qu'en sortant de DO MAJEUR et en repassant par ce même DO MAJEUR pour retourner en FA MAJEUR OU RE MINEUR.

Je me suis déjà beaucoup étendu, dans les chapitres précédens, sur la nécessité des notes sensibles dans les tons mineurs; si j'y reviens ici c'est afin que tous les renseigne_ _mens nécessaires se trouvent réunis à chaque ton pour ceux qui veulent les chanter ou les accompagner correctement, et aussi pour faire voir encore une fois l'importance que j'at_ _tache à cette nécessité sous le rapport musical et harmonique.

Dans le premier ton le DO doit être rendu sensible toutes les fois qu'il se trouve entre deux RE dont le second fait repos; dans ce cas le RE et le DO♯ sont considérés par l'accompagnateur comme appartenant à la gamme de RE MINEUR; quand le DO ne se trouve pas dans la condition ci_ _dessus on peut le laisser naturel et dans ce cas l'organiste devra accompagner le DO et le RE comme appartenant aux gammes de DO MAJEUR ou de FA MAJEUR; le DO♯ fera cependant meilleur effet toutes les fois que la modulation en DO MAJEUR ou en FA MAJEUR ne sera pas bien positivement établie.

Le SOL doit être diézé toutes les fois qu'il y a modulation en LA MINEUR, c'est-à-dire quand il se trouve entre deux LA dont le second fait repos.

Enfin le SI doit être bémolisé toutes les fois qu'il descend au LA, à moins que ce ne soit dans une modulation en LA MINEUR, dans ce cas il doit être naturel.

Le 2me Ton est ordinairement noté en clef de FA 5me ligne et en RE MINEUR; comme, dans ce ton, il est trop bas relativement au diapason ordinaire de la voix on a l'habitude de le transposer à la quarte supérieure, c'est-à-dire en SOL MINEUR; cependant dans les cérémonies funèbres on fera bien de ne le transposer qu'à la tierce mineure supérieure, c'est-à-dire en FA MINEUR.

Dans l'édition de Rheims le 10me ton mixte n'est autre chose que le 2me, mais il est noté en clef de fa 2me ligne ou en clef d'UT 3me ligne. Malgré toutes ces notations différentes les notes fonda _ _mentales doivent être, pour le chantre et l'organiste, SOL (tonique), SI♭ (tierce) et RE (dominante) si on le transpose en SOL MINEUR, et FA (tonique), LA♭ (tierce) et DO (dominante) si on le transpose en FA MINEUR.

Les modulations les plus usitées du 2me ton (en le supposant, bien entendu, transposé en sol mineur) sont celles de SI♭ MAJEUR et MI♭ MAJEUR; quelquefois, mais rarement, il module en FA MAJEUR OU EN RE MINEUR.

le FA devra être diézé toutes les fois que le ton de SOL MINEUR sera bien établi; on le laissera au contraire naturel quand la mélodie modulera en SI ♭ MAJEUR. Du reste, sous ce rapport on peut appli_quer au 2ᵐᵉ ton toutes les observations du 1ᵉʳ (1).

Le 3ᵐᵉ TON est constamment noté en clef d'UT 4ᵐᵉ ligne et en DO MAJEUR; on le chante tel qu'il est noté; sa finale est MI, la tierce SOL et la dominante le DO supérieur mais, sa véritable tonique est DO au_dessous de la portée.

On le transpose un ton plus bas, c'est-à-dire en SI ♭, quand les chantres sont fatigués ou quand la na_ture de leurs voix ne leur permet pas d'atteindre avec facilité le MI au dessus de la portée que l'on trou_ve assez souvent dans les pièces de ce ton.

Les modulations que l'on rencontre le plus fréquemment dans ce ton sont celles de LA MINEUR et de SOL MAJEUR. Quand le SOL se trouve entre deux LA dont le second fait un repos bien établi il faudra le rendre sensible, mais l'organiste peut souvent éviter cela en continuant à considérer les LA et les SOL comme ap_partenant à la gamme de DO. Il en est de même du FA entre deux SOL dans la modulation en SOL MAJEUR.

Le 4ᵐᵉ TON est celui des huit qui est noté avec le plus grand nombre de clefs; on le trouve tantôt en clef de fa 2ᵐᵉ ligne, tantôt en clef de fa 3ᵐᵉ ligne; le 12ᵐᵉ ton mixte de l'édition de Rheims, qui n'est autre chose que le 4ᵐᵉ, est noté en clef d'Ut 2ᵐᵉ ou 3ᵐᵉ ligne, on le trouve même quelquefois en clef d'Ut 4ᵐᵉ ligne; dans les livres du diocèse de Besançon il est presqu'exclusivement noté dans cette derniè_re clef, et cela a un avantage car, dans ce cas, on n'a pas besoin de le transposer; il en est de même quand il est noté en clef de fa 2ᵐᵉ ligne.

---

(1) Toutes les fois que je touche un morceau du 2ᵐᵉ ton il m'est impossible de ne pas me rappeler avoir en_tendu, entendu de mes propres oreilles, un organiste d'un grand mérite_mais ennemi déclaré des notes sensibles dans le mode mineur, (il me l'a dit lui_même)_accompagner un morceau de ce ton dans le genre de la phrase suivante:

Il a accompagné tout un morceau de ce genre en SOL MINEUR, avec la note sensible (fa ♯) dans toute son harmonie, et quand le FA s'est présenté dans la mélodie et, qui plus est, entre deux SOL dont le second finissait le morceau, il a fait FA NATUREL. Il est vrai que le dièze n'était pas marqué!!

Il me semble qu'il est impossible de donner assez de publicité à un exemple de cette force, ne serait-ce que pour l'édification des adeptes de l'organiste en question.

Il est en LA MINEUR; le MI sur lequel finissent presque tous les morceaux de ce ton n'est pas sa véritable finale, ce n'est qu'une espèce de repos sur la quarte inférieure et la finale demandée et véritable est LA. L'organiste devra donc le toucher sans transposition quand il sera écrit en clef d'UT 4.me ligne ou en clef de fa 2.me ligne, et supposer l'une ou l'autre de ces deux clefs pour le transposer quand il sera écrit en clef d'UT 2.me ou 3.me ligne. Le ton de LA MINEUR est très convenable à la voix pour l'exécution du 4.me ton, et il est très rare qu'on le fasse chanter plus haut ou plus bas.

Quoique la véritable finale (LA) fasse parfaitement sentir que ce ton est en LA MINEUR la plupart des morceaux sont cependant plus souvent en DO MAJEUR, et l'organiste est bien plus à son aise en considérant les notes comme appartenant à ce dernier ton, à cause du SOL NATUREL qui y paraît souvent en descendant à la finale fictive MI; on ne devra donc accompagner une phrase en LA MINEUR et faire SOL # que quand le SOL sera entre deux LA dont le second fera positivement repos. On pourra se convaincre de ce que j'avance en examinant le GLORIA du temps paschal, page 603, celui des fêtes simples, page 606, etc, du Graduel de Rheims.

Les autres tons dans lesquels le 4.me ton module le plus souvent sont ceux de SOL MAJEUR et de FA MAJEUR.

LE 5.me TON se note en clef d'UT 3.me ou 4.me ligne et dans le ton de FA MAJEUR. Il serait beaucoup trop haut pour les voix si on le chantait dans ce ton, aussi le transpose-t-on généralement une tierce ou une quarte plus bas, c'est-à-dire en RE MAJEUR ou en DO MAJEUR. Quelquefois, et surtout pour le chant des psaumes, on le transpose aussi en MI ♭ MAJEUR.

Les principales modulations sont à la quarte et à la quinte supérieure, c'est-à-dire (*en le supposant en RE MAJEUR*) en SOL MAJEUR et en LA MAJEUR. La tonique est FA, la tierce LA et la dominante DO; par la transposition en RE MAJEUR, par exemple, ces notes deviennent RE, FA #, LA.

Le 13.me ton mixte n'est autre que le 5.me noté en clef d'UT 4.me ligne, mais il se distingue du 5.me ton ordinaire en ce qu'il peut se chanter sans être transposé. Voyez par exemple, dans le Graduel de Rheims, l'Antienne du Dimanche de la Passion, page 149, qui ne dépasse pas le DO.

LE 6.me TON est noté en clef de fa deuxième ligne et se chante, dans ce cas, tel qu'il est écrit, en FA MAJEUR. Le 14.me mode admis par la commission de Rheims n'est autre chose que le 6.me, mais il est noté en clef d'UT 2.me ligne, et dans ce cas il faut qu'on le transpose. C'est un des plus faciles à chanter et à accompagner parce qu'il module très rarement; ses modulations principales sont DO MAJEUR et RE MINEUR. La finale est FA, la tierce LA et la quinte DO. On le trouve aussi noté quelquefois en clef d'UT 4.me ligne, avec un bémol à la clef, et dans ce cas il se chante également tel qu'il est noté.

LE 7me TON est ordinairement noté en clef d'Ut 3me ligne, mais on le trouve cependant quelquefois en clef d'Ut 2me ligne; il est écrit en UT MAJEUR, mais comme, dans ce ton, il serait beaucoup trop haut pour les voix on le transpose ordinairement en SOL MAJEUR, c'est-à-dire une quarte plus bas. Ainsi transposé il module très souvent en RE MAJEUR; il y a même des morceaux que l'organiste est obligé d'accompagner presque en entiers dans ce dernier ton, comme par exemple le GLORIA des fêtes de la Ste Vierge, page 596 du Graduel de Rheims; mais c'est un de ces morceaux bâtards (*musicalement parlant*) qui n'est ni en SOL ni en RE; des phrases entières et les finales indiquent positivement le ton de RE puis, tout à coup, survient un DO NATUREL qui tombe véritablement des nues et qui met l'accompagnateur dans l'embarras ou dans la nécessité de faire une de ces brusques modulations qui font un effet énormément désagréable. Je le demande à tout musicien de bonne foi, n'est-ce pas vouloir chasser du temple tous les fidèles qui ont tant soit peu d'oreille que de chanter, dans la phrase suivante, DO NATUREL au lieu de DO DIÈZE dans les endroits marqués de ce signe ✦?

Pour mon compte j'aimerais mieux renoncer, pour toute ma vie, à toucher de l'orgue si on voulait me forcer à accompagner et faire chanter DO NATUREL dans les deux endroits indiqués. Je n'assisterais de ma vie à une grand-messe où je serais exposé à entendre une pareille énormité musicale. Toutes les commissions du monde auront beau venir me parler de la vénérable antiquité du plain-chant, de St Grégoire et de tous les saints du paradis, jamais je n'admettrai ce DO NATUREL et j'ai toutes les peines du monde à croire qu'on ait jamais pu le chanter, même quand l'art musical était encore dans son enfance.

LE 8me TON est ordinairement noté en clef de fa 2me ligne ou clef d'Ut 4me ligne, mais on le trouve cependant quelquefois en clef d'Ut 3me ligne; dans les trois cas il se chante sans transposition en UT MAJEUR; l'organiste peut cependant, pour ne pas trop fatiguer les chantres, le transposer en si ♭ quand il le jugera convenable.

Le 8me ton module très souvent en FA MAJEUR et en SOL MAJEUR, rarement en LA MINEUR et en RE MINEUR.

Il y a des pièces de ce ton auxquelles je ferai le même reproche qu'à celles du 7.me que je viens de citer; leur tonalité est positivement SOL MAJEUR, puis tout à coup survient un FA NATUREL qu'aucune modulation n'amène et qui fait un très mauvais effet. Je citerai dans ce genre la troisième messe ad libitum, page 615 du Graduel de Rheims; il y a des phrases où ce fa naturel peut-être admis comme dans celle-ci, par exemple, où il y a modulation en RE MINEUR: (*Gloria de la dite messe.*)

Mais il en est d'autres où le FA ♯ est indispensable, comme dans la suivante, au signe ✛; la note finale le demande absolument.

On voit, par ce qui précède, que les huit tons du plain-chant doivent, pour le chantre et pour l'organiste, être divisés en deux catégories: ceux qui se chantent tels qu'ils sont notés, et ceux qui sont écrits trop haut ou trop bas pour la voix et qui doivent être ramenés à un diapason convenable, c'est-a-dire transposés.

Il s'en suit que les transpositions sont de deux sortes: les TRANSPOSITIONS OBLIGATOIRES qui ne s'appliquent qu'aux tons du plain-chant écrits trop haut ou trop bas pour les voix en général, et les TRANSPOSITIONS FACULTATIVES qui s'appliquent à tous les tons et qui consistent à ne hausser au baisser le morceau que d'un demi-ton, d'un ton, ou d'un ton et demi tout au plus, selon les voix particulières des chantres ou selon leurs moyens et dispositions momentanés.

Il faut, en général, que le chef du chant ou l'organiste n'entonnent ni trop haut ni trop bas, car dans le premier cas le chantre est obligé de crier, (*et on en a malheureusement déjà assez l'habitude dans les églises*), et dans le second cas son chant ne ressemble plus qu'à un murmure ou à un grognement; or l'une et l'autre de ces deux manières d'émettre la voix est déplacée dans le lieu Saint.

On a, dans de certaines églises, l'habitude de chanter plus haut les jours de grande fête et plus bas les simples Dimanches; j'approuve cette manière de faire à la condition cependant qu'on ne dépassera pas un diapason raisonnable et qui forcerait les chantres à CRIER au lieu de CHAN TER. J'ai moi-même l'habitude d'accompagner, par exemple, le 1.er ton en DO MINEUR les simples dimanches et en RE MINEUR les jours de fête. Ceci est une observation qui s'applique à tous les tons du plain-chant.

Je me suis encore étendu sur la nécessité des notes sensibles, non seulement cette fois dans les tons mineurs, mais même dans les tons majeurs quand la note finale le demande. Je répète que je respecte la manière de voir de ceux de mes collègues qui, par amour pour l'antiquité du plain-chant et de son origine sacrée, ne voudraient pas y introduire ces innocents dièzes, bémols ou bécarres; mais je crois leur avoir assez prouvé qu'il s'agit autant, dans cette question, de ne pas chasser les fidèles de l'Eglise en leur égorgeant les oreilles avec des tonalités auxquelles elles ne sont plus accoutumées que de respecter une antiquité musicale, quand on a foulé aux pieds tant d'autres antiquités plus respectables sous bien des rapports .

L'opinion que j'émets ici au sujet de la note sensible exite chez moi avec le caractère d'une conviction tellement profonde que j'ai dû aller au-devant des objections que pourrait soulever cette question sous le rapport liturgique; je me suis adressé pour cela à un ecclésiastique parfaitement versé dans cette matière, et c'est lui qui s'est chargé d'appuyer ma manière de voir sous ce point de vue .

« Il m'a été dit que certains esprits pourraient très bien regarder l'innovation de la note sensible (*si toute-*
« *fois innovation il y a*) comme dépassant non seulement les droits du musicien et de l'harmonisateur, mais
« encore ceux de tout individu n'ayant pas qualité dans la partie supérieure de l'Eglise . Toutes les matières
« liturgiques étant soumises exclusivement à l'autorité ecclésiastique, elle seule peut corriger et changer
« quelque chose dans ce domaine. Dès lors, ajoutait-on, en introduisant de votre seule autorité d'artiste,
« et d'homme privé la modification dont il s'agit, vous usurpez un droit qui ne vous a pas été dévolu et
« vous vous exposez à des contradictions autrement plus graves que celles d'une controverse sur les prin-
« cipes musicaux: a celles d'une autorité qui se sent lésée dans un monopole qu'elle s'est retenu »

« Cette observation, quoiqu'au premier abord elle semble minutieuse, m'a cependant paru assez grave
« pour mériter quelque examen. Je suis le premier à reconnaître la justesse du principe général de cette
« objection; ce n'est pas moi qui essaierai de contester aux chefs de l'Eglise le droit exclusif de modifier
« et d'innover dans les institutions liturgiques. Mais si j'admets le principe je me permets de soupçonner
« la justesse de la conséquence, et j'ai la confiance et même la certitude que l'auteur ne s'expose pas
« aux réprimandes de l'autorité ecclésiastique en introduisant dans ce qu'il fait graver sur le plain-chant
« la modification de la note sensible »

« Afin de faire juger à sa véritable valeur et ma sécurité et ma confiance je vais transcrire ici une
« citation où j'ai puisé ces deux sentiments »

« « De toutes les Eglises qui ont donné des Bréviaires, les unes, à la vérité, sont pressées davantage
« « d'en faire composer les chants, et les autres moins: mais chacune d'elles aspirait a voir finir cet ouvrage, à quel-
« « que prix que ce fût, et cherchait de toutes parts les moyens de satisfaire l'empressement qu'elle avait de faire usage
« « des nouveaux Bréviaires. De là cette foule de gens qui se sont offerts pour la composition du chant . Tout le

« « monde a entrepris d'en composer et s'en est cru capable. On a vu jusqu'à des maîtres
« « d'école qui n'ont pas craint d'entrer en lice. Parceque leur profession les entretient dans l'exercice
« « du chant, et qu'en effet ils savent ordinairement mieux chanter que les autres, ils se sont mêlés aussi
« « de composer. N'est-il pas étonnant que les pièces de pareils auteurs aient été adoptées par des per-
« « sonnes qui, sans doute, n'étaient pas si ignorantes qu'eux? Car, pour savoir bien chanter, ces maîtres
« « d'école n'en ignoraient pas moins la langue latine qui est celle de l'église; et, dès là, chacun voit
« « combien de bévues un tel inconvénient entraîne nécessairement après lui » »

« « On a donc choisi, pour composer les chants nouveaux, ceux que l'on a cru les plus habiles, et l'on
« « s'est reposé entièrement sur eux de l'exécution de ce grand ouvrage! Une entreprise de si longue ha-
« « leine demandait un temps qui lui fût proportionné, et on les pressait. Pour répondre à l'empresse-
« « ment de ceux qui les avaient choisis, ils ont hâté leurs travaux. Leurs pièces, à peine sorties de leurs
« « mains, ont été presque aussitôt chantées que composées. Tout a été reçu sans examen, ou avec un examen
« « très superficiel; et ce n'a été qu'après l'impression sans en avoir fait l'essai, et qu'après les avoir autorisées
« « par un usage public, qu'on s'est aperçu de leurs défauts, mais trop tard, et lorsqu'il n'était plus temps d'y re-
« « médier.

« « On vit alors avec regret, ou qu'on s'était trompé dans le choix des compositeurs de chant, ou qu'on
« « les avait trop pressés. On ne put se dissimuler les défauts, sans nombre et souvent grossiers, d'ouvrages
« « qui naturellement devaient plaire par l'agrément de leur nouveauté, et qui n'avaient pas même ce mé-
« « diocre avantage.

« « Qui pourrait tenir, en effet, contre des fautes aussi lourdes et aussi révoltantes que celles dont
« « ils sont remplis pour la plupart? Je veux dire des fautes de quantité, surtout dans le chant des
« « Hymnes; des phrases confondues par la teneur et la liaison du chant, qui auraient dû être distinguées,
« « et qui le sont par le sens naturel du texte; d'autres mal à propos coupées; d'autres aussi mal à pro-
« « pos suspendues; des chants absolument contraires à l'esprit des paroles; graves, où les paroles de-
« « mandaient une mélodie légère; élevées, où il aurait fallu descendre, et tant d'autres irrégularités,
« « presque toutes causées par le défaut d'attention au texte.

« « Qui ne serait encore dégoûté d'entendre si souvent les mêmes chants, beaux à la vérité par eux-
« « mêmes, mais trop de fois imités, presque toujours estropiés, et pour l'ordinaire aux dépens du sens
« « exprimé dans le texte, aux dépens des liaisons et de l'énergie du chant primitif, tels que ceux de
« « tant de Répons, Graduels et d'Alleluia?

« « Que dire encore des expressions outrées ou négligées, des tons forcés, du peu de discernement
« « dans le choix des Modes, sans égard à la lettre; de l'affectation puérile de les arranger par nom-
« « bres suivis, en mettant du premier Mode la première Antienne et le premier Répons d'un Office; la se-
« « conde Antienne et le second Répons du second Mode, comme si tout Mode était propre à toutes paroles
« « et à tout sentiment (1) » »

____

(1) Poisson, *Traité théorique et pratique du plain-chant appelé Grégorien:* pages 4 et 5. Cité par le R.P. Dom
Prosper Guéranger, *Institutions liturgiques,* tome second, pages 452, 453, 454

«Il est bon de faire remarquer en passant que ces appréciations sur le caractère défectueux
«des chants religieux que nous possédons en France émanent des autorités les plus compétentes
«en cette matière. Le traité de Poisson a toujours été regardé comme une œuvre remarquable
«dans son genre, et rien ne peut donner une garantie plus forte à la vérité des circonstances déplo-
«rables qui accompagnèrent la réforme du plain-chant que l'autorité du savant abbé de Solesmes. Il est
«donc incontestable que de nombreux et grossiers défauts se sont glissés dans les compositions
«presque improvisées des maîtres d'école du 17me siecle (1). Les promoteurs même et les partisans du chan-
«gement ne purent alors s'empêcher de le reconnaître et de le déplorer, et si l'impression instantanée de
«ces nouvelles productions ne l'eût rendue impossible, on eût dès ce moment même entrepris la correction
«de la réforme. Dès lors opérer aujourd'hui un changement dans ces matières peut n'être qu'exécuter
«le jugement du bon goût et servir le désir de l'autorité compétente. Ceux dans les mains de qui se trou-
«ve maintenant la juridiction liturgique n'ont pas moins que leurs devanciers le goût du beau et le dé-
«sir de le voir réaliser. Ils savent parfaitement qu'il y a dans nos chants d'Eglise des défauts choquans;
«ils éprouvent naturellement le désir de les voir disparaître, de sorte qu'un changement, à la condition d'ê-
«tre fait selon les vrais principes musicaux, loin de leur sembler une anticipation sur leurs droits, leur ap-
«paraîtra comme un moyen de leur en rendre l'usage fécond et facile.

«Pour achever de résoudre l'objection que l'on pourrait présenter il suffit donc de montrer que la question
«de la note sensible doit être jugée d'après ces réflexions générales. Rien n'est plus facile à prou-
«ver que cette proposition. Il est très vraisemblable, on peut même dire qu'il est certain, que l'ab-
«sence de la note sensible dans le plain chant que nous possédons est le résultat d'une insuffisance
«de connaissances musicales dans ceux qui furent chargés du travail de réforme caractérisé par
«Poisson. Je ne veux point ici renouveler le détail des preuves que l'auteur de ce traité a données
«dans d'autres endroits où il touche à cette question, je répéterai seulement que l'absence de
«cette variété est opposée aux principes universellement admis comme élémens de direction
«pour le compositeur et qu'elle choque en nous le sens que Dieu nous a donné pour juger
«de la qualité des sons.

«Je me crois dès lors autorisé à conclure qu'une modification qui fera cesser cette injure
«aux règles de l'art, et épargnera à l'oreille humaine ces sensations désagréables, sera réellement
«marquée au caractère du beau. A ce titre elle ne pourra tôt ou tard que trouver non seu-
«lement grâce mais faveur et parmi les fidèles et parmi leurs chefs.»

Tel est le résultat que je prévois, que j'espère, que je désire; et je crois qu'il m'est permis
de travailler à fortifier mes espérances et à amener la réalisation de mes prévisions et
de mes désirs sans blesser des droits dont je vénère du fond de mon cœur les éminents
dépositaires.

---

(1) Les personnes qui s'occupent aujourd'hui de la restauration du chant Grégorien s'appuient beaucoup
sur le célèbre manuscrit découvert à Montpellier pour s'autoriser à exclure la note sensible du plain-chant.
Je leur demanderai si elles peuvent prouver que ce manuscrit a été copié sur celui de St Grégoire même et,
dans le cas très problématique d'une réponse affirmative, si elles peuvent affirmer que cette copie est absolument conforme au manuscrit véritable et primitif.

(Note de l'auteur.)

CHAPITRE X.

RENVERSEMENTS DE L'ACCORD PARFAIT ET DE L'ACCORD DE SEPTIÈME DE DOMINANTE.—MOUVEMENTS DES DIFFÉRENTES PARTIES.

Jusqu'à présent, dans tout ce que nous avons harmonisé, la partie de la main gauche suit une marche absolument uniforme de quartes et de quintes ascendantes et descendantes qui finit par devenir fatigante à entendre; cela tient à ce que nous n'avons employé pour basses que les notes fondamentales des accords. On peut remédier à cette uniformité en employant comme basses toutes les notes d'un accord. Quand une autre note que la tonique sert de basse à un accord on dit que cet accord est RENVERSÉ.

L'accord parfait, qui est composé de trois notes, à deux renversements.

Quand la TONIQUE est à la basse on dit qu'il est dans son ÉTAT DIRECT.

Quand la TIERCE _________________________________ PREMIER RENVERSEMENT.

Quand la QUINTE _________________________________ DEUXIÈME RENVERSEMENT.

Ex: 172.

Ne confondez pas les renversements d'un accord avec ses différentes positions; l'accord parfait (comme nous l'avons vu au chapitre 5.me) a trois positions, tandis qu'il n'a que deux renversements. Les ren_versements peuvent servir de basse aux accords dans toutes leurs positions.

Ex: 173.

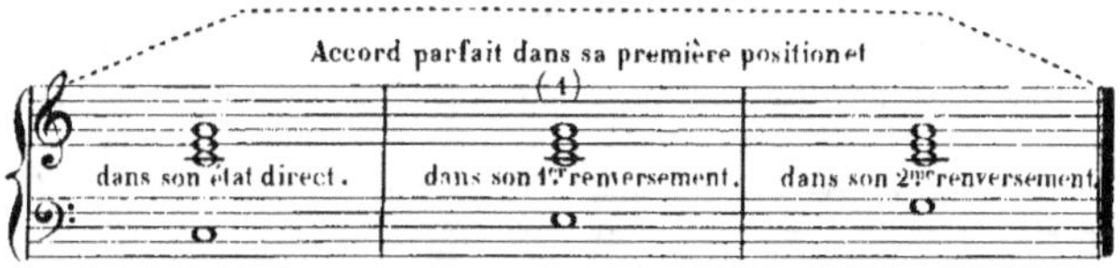

Ex: 174.

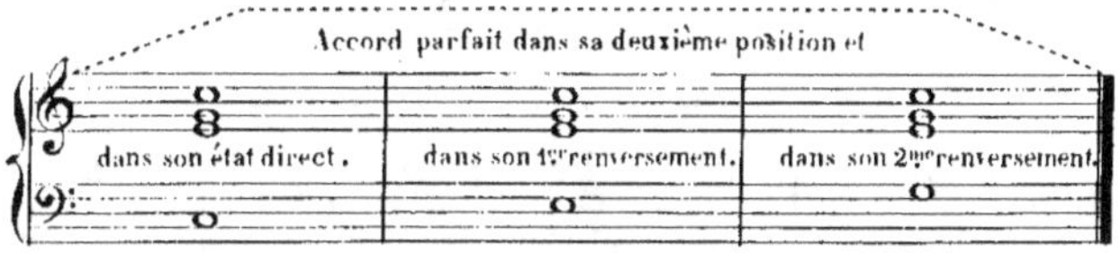

Ex: 175.

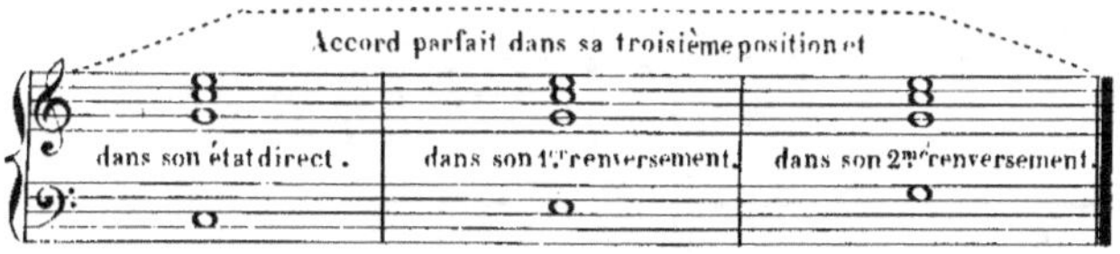

(1) Quand l'accord parfait est dans son 1.er renversement, c'est-à-dire quand la tierce est à la basse, il est préférable de ne pas la mettre à la main droite, car la tierce doublée fait un très mauvais effet.

Pour mieux reconnaître les renversemens des accords on surmonte la basse d'un ou de plusieurs chiffres qui indiquent les intervalles que les différentes notes de l'accord forment avec la basse.

Quand l'accord parfait est dans son état direct on le chiffre indifféremment par un 3 un 5 ou un 8. (1)

Quand il est dans son premier renversement on le chiffre par un 6, parceque l'intervalle qui ex_ _iste entre la basse et la tonique est une sixte; ou l'appelle alors ACCORD DE SIXTE.

Quand ils est dans son deuxième renversement on le chiffre par $\frac{6}{4}$, parceque les deux notes du dessus forment avec la basse, l'une un intervalle de QUARTE l'autre un intervalle de SIXTE; on l'ap_ pelle alors ACCORD DE QUARTE ET SIXTE.

Ainsi l'accord de SIXTE n'est autre chose qu'un accord parfait dont la tierce est à la basse, et l'ac_ cord de QUARTE ET SIXTE un accord parfait dont la quinte est à la basse.

L'accord de septième étant composé de quatre notes a trois renversemens.

Il est dans son ÉTAT DIRECT quand la note fondamentale (tonique) est à la basse. On le chiffre, comme on le sait déjà, par un 7.

Il est dans son PREMIER RENVERSEMENT quand la TIERCE est à la basse; il se chiffre par $\frac{6}{5}$, par rap_ _port aux intervalles que la septième et l'octave forment avec la basse; on le nomme alors ACCORD DE SIXTE ET QUINTE.

- Il est dans son DEUXIÈME RENVERSEMENT quand la QUINTE est à la basse; il se chiffre par $\frac{4}{3}$, par rap_ _port aux intervalles que la septième et la tonique forment avec la basse; on le nomme ACCORD DE TIER _CE ET QUARTE. On lui donne aussi le nom d'ACCORD DE SIXTE SENSIBLE parceque le si, note sensible de l'accord, forme un intervalle de sixte avec la basse.

Il est dans son TROISIÈME RENVERSEMENT quand la SEPTIÈME est à la basse; il se chiffre $\frac{4}{2}$, par rap_ _port aux intervalles que la tierce et la tonique forment avec la basse; on l'appelle ACCORD DE SECON_ _DE ET QUARTE ou accord de TRITON.

(1) Souvent on ne chiffre pas l'accord parfait quand il est dans son état direct. __ Quand une ou plusieurs notes de l'accord doivent être accidentées on indique ces accidens (♯, ♭ ou ♮) devant le chiffre correspondant à ces notes. Quand l'accident est au dessus du chiffre il indique l'altération de la tierce de l'accord.

On se rappelle les règles de la résolution de l'accord de septième de dominante;ces règles ne changent pas quand les différentes notes de l'accord sont à la basse et leurs résolutions sont les mêmes que quand elles se trouvent dans l'accord de la main droite. Ainsi,dans le premier renversement la tierce est à la basse et elle doit monter invariablement d'un demi-ton. Dans le second renversement la quinte qui est à la basse peut monter ou descendre d'un degré;et dans le troisième renversement la septième qui est à la basse doit descendre d'un degré,(*D'un demi ton pour la résolution majeure et d'un ton pour la résolution mineure.*)

Remarquez que quand la basse monte d'un degré en sortant du 2e renversement,ou quand elle des. .cend d'un degré en sortant du 3me renversement,l'accord parfait,dans sa résolution,ne se trouve plus dans son état direct mais dans son premier renversement,la tierce étant à la basse. Ainsi la résoluti. .on de l'accord de tierce et quarte peut produire un accord de sixte,il ne faut pour cela que faire mon. .ter la basse. La résolution de l'accord de seconde et quarte produit cet effet forcément,la résolution de la septième qui se trouve à la basse ayant une marche forcée.

Remarquez encore que, comme l'accord parfait,l'accord de septième peut être mis sur sa basse fondamentale dans ses quatre positions et alors il se compose de cinq notes (*la tonique étant doublée*) dont quatre à la main droite et une à la main gauche.

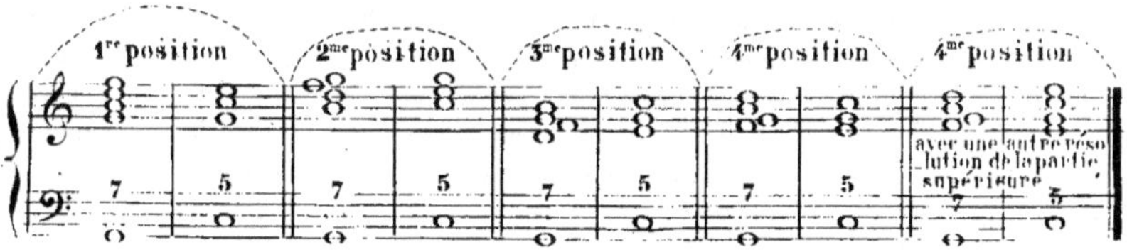

Mais ces différentes positions ne peuvent contenir quatre notes qu'à la condition que l'accord de septième soit dans son état direct, c'est-à-dire que la tonique soit à la basse, parcequ'on ferait des octaves consécutives si on doublait à la main droite les notes de la basse quand elles n'ont qu'une seu-le et même résolution.

On peut cependant tourner la difficulté dans le deuxième renversement; la quinte ayant deux résolutions rien n'empêche, quand le re de la basse descend au do, de faire monter celui de la main droite au mi et réciproquement. Ainsi, dans l'exemple suivant, il n'existe aucune faute parceque la partie supérieure fait le mouvement contraire de la basse, comme l'indiquent les points.

Mais pour éviter toute faute et tout mauvais effet on fera toujours bien d'exclure de la main droite l'octave de la basse quand l'accord de septième sera dans un de ses trois renversemens et quelle que soit la position de l'accord.

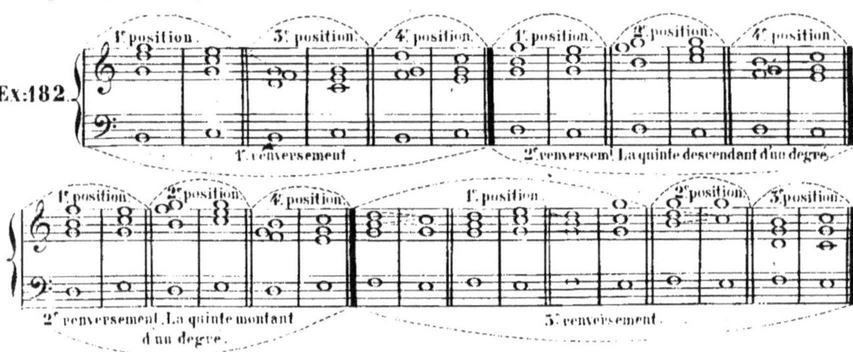

Avant de faire l'application de ce qui précède à un chant et à une harmonie quelconques j'enga-ge les élèves à reproduire les renversemens de l'accord parfait et de l'accord de septième dans tous les tons, et non seulement en majeur, mais encore en mineur. Pour cela ils ne perdront pas de vue, comme ils le savent déjà, que l'accord de septième de dominante ne change jamais quelle que soit la résolution de la septième, c'est à-dire que l'on aille en majeur ou en mineur. Ils devront de plus être bien pénétrés des conseils suivans relatifs au mouvement des différentes parties dans l'harmonie. Ces mouvemens sont au nombre de trois :

1.° Le mouvement DROIT OU DIRECT qui a lieu quand deux ou plusieurs parties montent ou des_
_cendent ensemble.

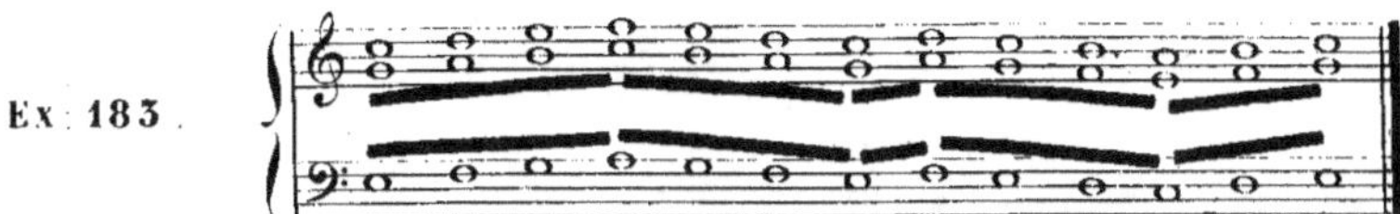

Ex: 183 .

Nous avons déja parlé de ce mouvement au chapitre des octaves et quintes consecutives;on doit
se rappeler,et je le répète ici,que par ce mouvement il est rigoureusement defendu de faire sui_
_vre deux consonnances.

2.° Le mouvement OBLIQUE qui a lieu quand l'une des parties monte ou descend tandis que l'autre
reste immobile.

Ex:184

3.° Le mouvement CONTRAIRE qui a lieu quand l'une des parties monte pendant que l'autre descend.

Ex:185 .

Il peut aussi arriver que,par suite des résolutions des accords ou par suite du mouvement des par
ties ,on soit obligé de doubler certains intervalles ou d'en omettre d'autres; c'est encore une cho
_se qui n'est pas arbitraire,c'est pourquoi je vais donner un tableau qui fera connaître les notes
qui peuvent être doublées ou omises dans un accord

1.° On peut doubler la TIERCE et la QUINTE dans l'accord parfait quand il est dans son état direct,et,
selon la circonstance,on peut ajouter ou retrancher l'OCTAVE ou la QUINTE.

Ex:186 .

On voit que l'on peut retrancher d'un accord parfait l'OCTAVE ou la QUINTE,mais jamais la TIERCE
parceque sans elle on ne saurait pas si l'on est en majeur ou en mineur.

2.° On peut doubler la TIERCE ou la SIXTE de l'accord parfait quand il est dans son premier renverse_
_ment,mais,dans ce cas on ne peut pas doubler la basse.

3.º On peut doubler la QUARTE ou la SIXTE de l'accord parfait quand il est dans son deuxième renversement. Dans ce cas on peut, à volonté, doubler ou omettre l'OCTAVE de la basse.

Dans l'accord de septième il faut mettre un soin extrême à ne jamais doubler les notes qui ont une résolution forcée; ainsi on peut doubler l'OCTAVE et la QUINTE, mais jamais la TIERCE ni la SEPTIÈME.

On peut omettre dans ce même accord l'OCTAVE ou la QUINTE; dans de certaines conditions on peut aussi omettre la TIERCE, mais jamais la SEPTIÈME.

Quand on sera bien certain de toutes les règles et observations que nous venons de voir on pourra essayer d'accompagner un chant en renversant les accords, mais toujours en employant de préférence les mouvemens CONTRAIRES et OBLIQUES avec lesquels les octaves et les quintes consécutives ne se présen_ _tent pas (*du moins entre la basse et la partie du haut,*) et au contraire avec circonspection le mouve_ ment DIRECT avec lequel on risque souvent de faire ces fautes.

Remarquez enfin que le dernier accord d'un morceau ne doit JAMAIS être renversé; il en est de même du premier, cependant la règle n'est pas aussi absolue car on voit encore souvent le premier accord d'un morceau renversé.

Je vais maintenant reprendre, pour la troisième fois, le chant de l'INVIOLATA que nous avons mis en harmonie une première fois à l'ex: 64, quand nous ne connaissions encore que l'accord parfait dans son état direct, et une seconde fois à l'ex: 100, quand nous avons connu l'accord de septième de domi_ _nante et la manière d'introduire cet accord plus souvent. Les élèves feront bien de comparer les exem_ _ples 64, 100 et 189; ils s'appercevront des progrès qu'ils auront faits jusqu'ici et sentiront mieux les beaux effets que produisent les renversemens, car la basse, au lieu de procéder par sauts de quartes et de quintes, procédera souvent par dègres conjoints et aura une forme mélodique aussi bien que la mélo_ _die elle_même.

J'ai numéroté les accords pour que les recherches de l'analyse que je vais faire soient plus faciles..

Depuis le 1.er jusqu'au 15.me accord j'ai mis les notes fondamentales EN NOIRES sous les renversemens; ces noi_ _res ne doivent pas être touchées avec l'accord, je ne les ai mises là que pour mieux faire voir et sentir à l'élève combien serait ennuyeuse et monotone une basse qui ferait continuellement FA, DO, FA, DO, FA, DO, et le bel effet que produisent, au contraire, les basses renversées.

J'ai mis le 1.er accord dans son état direct parcequ'il commence le morceau; cependant, comme l'état di_ _rect n'est pas d'une nécessité aussi absolue pour le 1.er accord que pour le dernier, on pourrait aussi bien employer le premier renversement.

Le 2.me est un accord de septième dans son troisième renversement, c'est-à-dire un accord de SECONDE ET QUARTE; remarquez que la septième, qui est à la basse, descend d'un degré, comme le veut la règle de sa ré_ _solution, et devient tierce de l'accord suivant.

Le 3.me devait forcément être un accord de SIXTE parceque la résolution de la septième produit la tierce dans l'accord suivant (Ex 75, 79 et 178); du 2.me au 3.me accord le mouvement est forcément DIRECT à cause de cette même résolution.

Le 4.me est un accord parfait de DO MAJEUR dans son deuxième renversement, c'est-à-dire un accord de QUARTE ET SIXTE; du 3.me au 4.me accord la basse descend tandisque la mélodie monte, le mouvement est donc CONTRAIRE.

Le 5.me est l'accord parfait de FA majeur dans son état direct; du 4.me au 5.me accord le mouvement est encore CONTRAIRE.

Le 6.me est un accord de SIXTE ET QUINTE, c'est-à-dire un accord de septième dans son premier renversement; remarquez que c'est la tierce qui est à la basse et qu'elle est forcée de monter d'un demi ton, l'accord suivant sera donc forcément dans son état direct puisque dans la résolution de l'accord de septième la tierce tombe sur la tonique du 5.me au 6.me accord le mouvement est encore CONTRAIRE

Je laisse à l'élève le soin de continuer de cette façon l'analyse de l'exemple 189. C'est a force de faire des ana_ _lyses pareilles qu'il comprendra parfaitement l'emploi des renversemens et qu'il parviendra par conséquent à les employer lui_même avec fruit et succès. A partir du 28.me accord je n'ai plus marqué les renversemens en chiffres, je laisse également ce soin à l'élève.

Du 35.me au 36.me accord je dois lui faire remarquer une quinte consécutive que font entre elles les deux parties supérieures; c'est une faute que l'on pourrait éviter en mettant l'accord dans un autre renversement, parceque la cause de la faute est dans le mouvement direct que la basse fait avec la mélodie; mais cette faute je l'ai faite à dessein pour avoir occasion de faire remarquer à l'élève que cette QUINTE N'EST PAS PAR FAITE puisque le DO descend d'un ton (au sib), tandisque le FA ne descend que d'un demi-ton (au mi). Or dans ce cas LES QUINTES CONSÉCUTIVES SONT TOLÉRÉES; elles ne sont considérées comme fautes réelles que quand elles font entre elles une quinte parfaite.

Je ferai aussi remarquer qu'à la main droite le DO est constamment note-commune. Ce DO est la quinte du ton de FA dans lequel est noté le morceau, et cela doit faire comprendre à l'élève pourquoi on a donné à la quinte le nom de DOMINANTE. Cette circonstance fait aussi que le morceau est bien plus facile à exécuter: en laissant toujours le pouce sur ce DO on est certain de trouver les accords avec facilité..

Enfin je ferai remarquer à l'élève que dans tout l'ex: 189 on ne trouve que deux mouvemens employés: le direct et le contraire. La mélodie ne donnant nulle part plusieurs fois de suite la mê_ _me note le mouvement oblique ne pourrait avoir lieu qu'en faisant tenir cette même note à la basse, comme dans l'exemple suivant.

A l'exeption du 1ᵉʳ au 2ᵐᵉ et de l'avant dernier au dernier accord le mouvement oblique est le seul employé dans cet exemple ; en le touchant on sentira qu'il ne faut pas abuser de ce mouvement quand la note fixe est à la basse car on tomberait infailliblement dans la monotonie.

Quels que soient les progrès que nous avons remarqués dans l'ex:189, comparé aux exemples 64 et 100, nous verrons plus tard, et dans un chapitre spécial, combien on peut encore mettre plus de variété et de richesse dans l'accompagnement de ce même chant en faisant des modulations et en employant des accords que nous ne connaissons pas encore.

J'engage de nouveau les élèves à conserver les différens morceaux qu'ils auront mis en harmo _nie dès le troisième chapitre, et d'introduire dans tous ce qu'ils auront appris de nouveau et à me_ _sure qu'ils l'auront appris. C'est le meilleur moyen de se rendre un compte parfait de tout ce qu'on sait ainsi que des progrès que l'on a déja faits.

Voici encore quelques exemples harmonisés avec l'emploi des basses renversées ; les élèves re_ .tireront plus de fruit de leur analyse consciencieuse que de toutes les explications possibles.

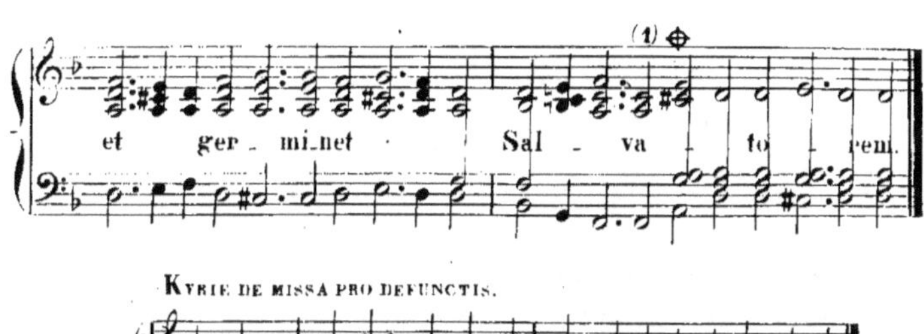

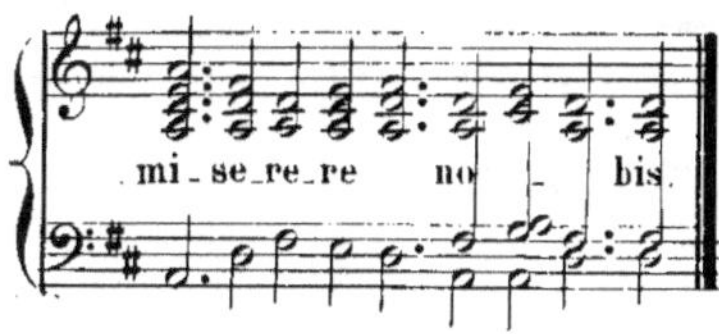

(1) Je ferai remarquer aux élèves le mauvais effet que produit, à l'endroit marqué de ce signe ⊕, le brusque retour en RÉ mineur; il n'y a cependant pas moyen de l'éviter car la finale est positivement en RÉ mineur. On ne peut pas non plus accompagner les quatre premières notes autrement qu'en « A MAJEUR », à cause du DO NATUREL qui se trouve sur la syllabe VA. Mais on conviendra avec moi que l'on aurait pu, sans crainte de commettre un crime de lèse-religion,

supprimer ce DO naturel et écrire la phrase ainsi :

Au moins l'organiste pourrait accompagner et finir sa phrase régulièrement en RÉ mineur sans être obligé de choquer le sentiment musical des fidèles.

CHAPITRE XI

DES DOUZE ACCORDS EMPLOYÉS DANS L'HARMONIE.—LEURS
RENVERSEMENS.—LEUR APPLICATION DANS L'ACCOMPAGNEMENT
DU PLAIN CHANT.

Nous ne connaissons jusqu'à présent que trois accords et leurs différens renversemens:L'ACCORD PARFAIT MAJEUR L'ACCORD PARFAIT MINEUR,ET L'ACCORD DE SEPTIÈME DE DOMINANTE.
Avec la connaissance de ces trois accords et leurs renversemens on peut,à la vérité,accompagner très convenablement toute espèce de mélodie;mais l'harmonie possède encore d'autres resources dont l'em_ _ploi judicieux fournit une variété et une richesse nouvelles .Ce sont surtout ces nouveaux accords avec les quels nous allons faire connaissance que quelques organistes,d'ailleurs très recommandables et grands artistes,ne veulent pas employer dans l'accompagnement du plain-chant,par la raison très peu admissible,et encore moins concluante,que cela rend le chant religieux trop mondain et trop sensuel.Je rends hommage au sentiment de ces Messieurs,mais je ne le partage pas;je trouve, au contraire,que par l'emploi parfait et judicieux des accords dont nous allons faire la connaissance l'accompagnement du plain-chant n'acquerra que plus de richesse et de majesté .Je suis du reste persuadé qu'un grand nombre de mes adversaires ne veulent pas s'en servir pour une raison que l'on n'avoue pas ordinairement : c'est que non seulement ils ne savent pas comment les employer mais ils ignorent même leur existence .

Il y a en musique trois séries d'accords:1° LES ACCORDS COMPOSÉS DE TROIS NOTES(nous en connais_ _sons déja deux:l'accord parfait majeur et l'accord parfait mineur;)2° LES ACCORDS COMPOSÉS DE QUATRE NOTES (nous en connaissons un: l'accord de septième de dominante;)3° LES ACCORDS COMPOSÉS DE 5° NOTES

Pour trouver ces différens accords il suffit d'écrire une gamme à la basse et de poser au-dessus de chacune des notes dont elle se compose une série d'autres notes disposées de tierce en tierce.

1° ACCORDS COMPOSÉS DE TROIS NOTES.

Pour qu'un accord soit PARFAIT il faut que,dans son état direct,il soit composé d'UNE TIERCE MAJEURE ET d'UNE TIERCE MINEURE. Quand,comme dans l'accord construit sur le premier de_ _gré de la gamme de l'ex 194,la première tierce est majeure (DO-MI) et la seconde mineure(MI-_SOL.) l'accord parfait est majeur (DO-MI-SOL.) Quand,comme dans l'accord construit sur le deuxieme degré de la gamme,la première tierce est mineure (RE-FA) et la deuxième majeure (FA-LA) l'accord parfait est mineur (RE-FA-LA) Dans tous les cas la quinte entre les no__tes extrêmes doit être parfaite

En examinant l'exemple 194 on trouve des accords parfaits sur les six premiers degrés de la gamme; ceux des 1.er 4.me et 5.me degrés sont majeurs, et ceux des 2.me 3.me et 6.me degrés sont mineurs.

Je ne parlerai plus de ces deux accords, nous les connaissons. Celui qui va nous occuper c'est celui qui est construit sur le 7.me degré de la gamme, sur la note sensible. Il se compose de DEUX TIERCES MI_ _NEURES (SI-RE, RE-FA) et les notes extrêmes forment entre elles une QUINTE DIMINUÉE (SI-FA); ce n'est donc pas un accord parfait; on l'appelle. ACCORD DE QUINTE DIMINUÉE.

Etant composé de trois notes il a, comme l'accord parfait, deux renversemens; dans son état di_ _rect on le chiffre par un 5 traversé d'une petite barre qui indique que la quinte est diminuée. Le premier renversement est composé de TIERCE MINEURE ET SIXTE MAJEURE; il se chiffre par +6. Le deuxième renversement est composé de QUARTE AUGMENTÉE et SIXTE MAJEURE; il se chiffre +$\frac{6}{4}$.

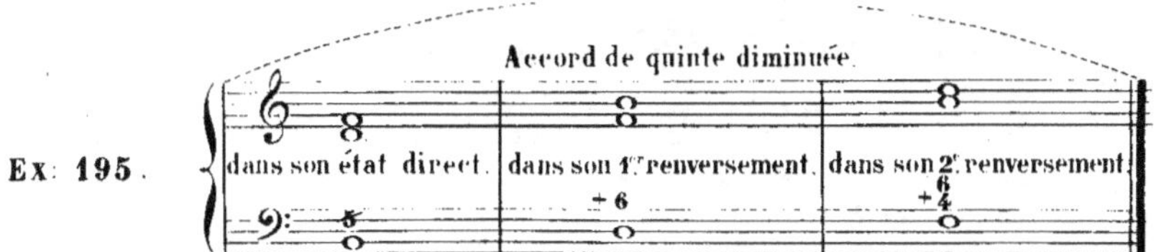

Cet accord s'emploie particulierement pour accompagner le deuxième et le quatrième degré du mode mineur. Dans les deux cas il fait sa résolution sur l'accord parfait majeur de la dominante du ton dans lequel on est.

Quand on emploie cet accord dans son premier renversement on le résout ordinairement sur le second renversement ($\frac{6}{4}$) de l'accord parfait mineur du ton dans lequel on est.

Rien n'empêcherait cependant de résoudre ce premier renversement sur l'accord parfait majeur de la dominante aussi bien que quand l'accord est dans son état direct.

Dans son état direct, aussi bien que dans son premier renversement, on peut le résoudre sur l'accord de septième de dominante du ton dans lequel on est.

Dans son deuxième renversement l'accord de quinte diminuée ne fait pas un bon effet et, à cau_se de cela, n'est que très rarement employé.

Voici deux exemples tirés du Graduel dans lesquels l'accord de quinte diminuée est employé dans son état direct et dans son premier renversement. Dans l'ex: 200 il accompagne le 4me degré, et dans l'ex: 201 le 2e degré du mode mineur.

On place aussi quelquefois l'accord de quinte diminuée sur la note sensible du mode majeur, mais dans ce cas on ne l'emploie que dans les progressions et il se résout presque toujours sur la quinte inférieure ou sur la quarte supérieure.

2ⁿ ACCORDS COMPOSÉS DE QUATRE NOTES.

Les accords composés de quatre notes employés dans l'harmonie sont au nombre de six. Ils prennent tous le nom général d'ACCORDS DE SEPTIÈMES. On les trouve en supperposant quatre notes, de tierce en tierce, sur les 2ᵐᵉ 4ᵐᵉ 5ᵐᵉ et 7ᵐᵉ degrés du mode majeur, et sur les 2ᵉ et 7ᵐᵉ (*note sensible*) degrés du mode mineur (1)

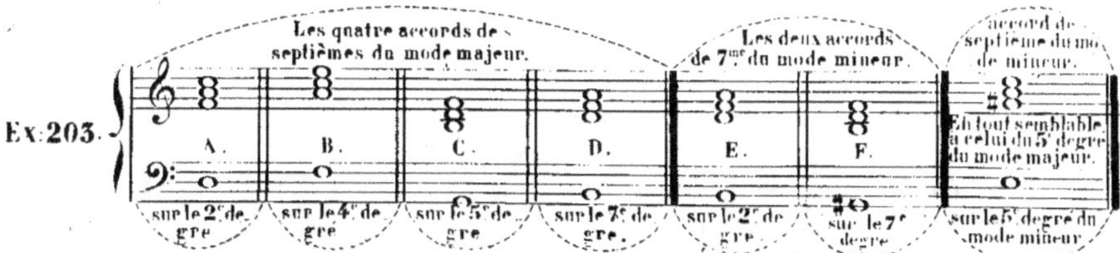

L'accord de septième construit sur le 2ᵐᵉ degré du mode majeur est composé de TIERCE MINEURE QUINTE PARFAITE ET SEPTIÈME MINEURE. On l'appelle ACCORD DE SEPTIÈME DE SECONDE DU MODE MAJEUR, OU SEPTIÈME AVEC TIERCE MINEURE. Dans son état direct on le chiffre par 7.

Son premier renversement est composé de TIERCE MAJEURE, QUINTE PARFAITE et SIXTE MAJEURE; on le chiffre par $\frac{6}{5}$ et on le nomme ACCORD DE SIXTE ET QUINTE.

Son deuxième renversement est composé de TIERCE MINEURE, QUARTE JUSTE et SIXTE MINEURE; on le chiffre par $\frac{4}{3}$ et on le nomme ACCORD DE TIERCE ET QUARTE.

Son troisième renversement est composé de SECONDE MAJEURE, QUARTE JUSTE et SIXTE MAJEURE; on le chiffre par 2 ou par $\frac{4}{2}$ et on le nomme ACCORD DE SECONDE ET QUARTE.

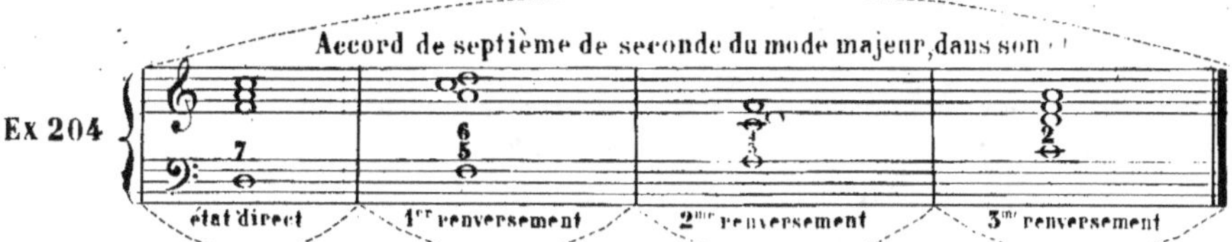

Cet accord a besoin d'une PRÉPARATION, c'est-à-dire que la septième de l'accord (*la dissonnance*) doit avoir fait partie de l'accord précédent. Il fait sa RÉSOLUTION sur l'accord parfait de la dominan_ _te ou sur l'accord de septième de dominante du ton dans lequel on est.

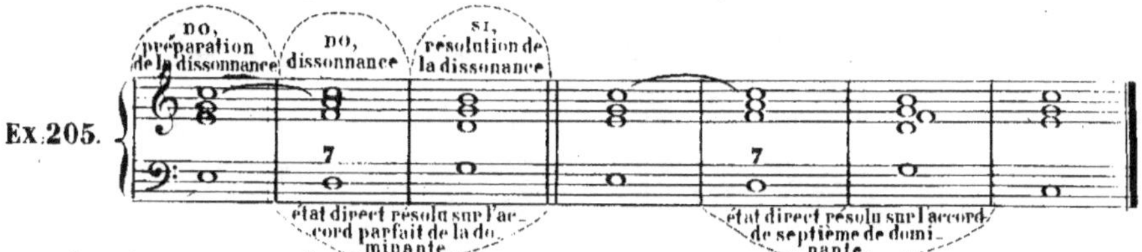

Dans les trois renversements, comme dans son état direct, il fait sa résolution sur l'accord parfait ou sur l'accord de septième de la dominante, dans le 1ᵉʳ renversement il peut, de plus, la faire sur l'ac_ cord de $\frac{6}{4}$ du ton dans lequel on est.

---

(1) On pose aussi l'accord de septième de dominante sur le 5ᵉ degré du mode mineur, mais comme il est en tout absolument sem_ _blable à celui du 5ᵉ degré du mode majeur il était inutile de le comprendre dans la présente nomenclature

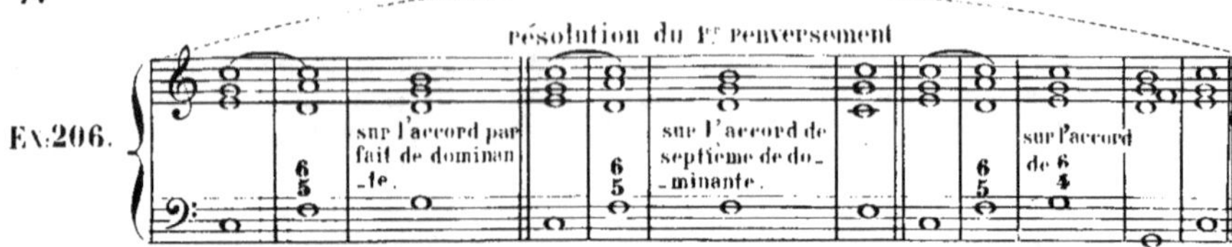

Cet accord, à cause de sa dureté, ne peut pas être employé dans toutes ses positions. Voici quel_
_ques exemples de son emploi dans l'accompagnement du plain-chant.

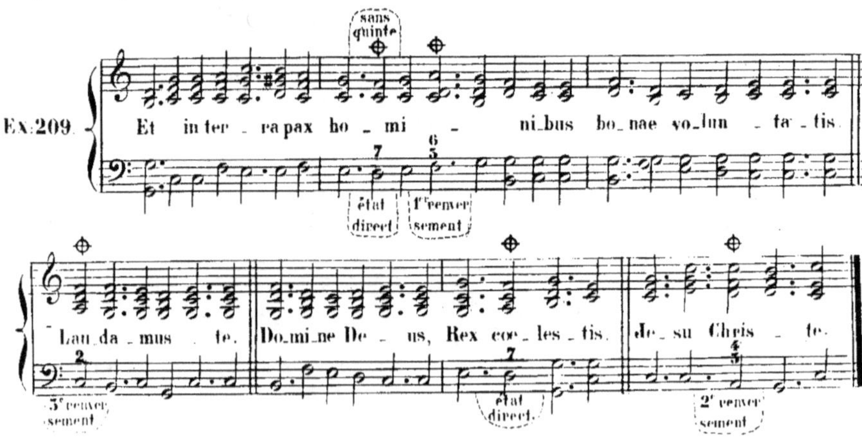

B. L'accord de septième construit sur le 4ᵐᵉ degré du mode majeur est composé de TIERCE MA _ _JEURE, QUINTE PARFAITE et SEPTIÈME MAJEURE. On l'appelle ACCORD DE SEPTIÈME MAJEURE. Dans son état direct comme dans ses renversemens on le chiffre de la même manière que le précédent.

Son premier renversement se compose de TIERCE MINEURE, QUINTE PARFAITE et SIXTE MINEURE.

Son deuxième renversement se compose de TIERCE MAJEURE, QUARTE JUSTE et SIXTE MAJEURE.

Son troisième renversement se compose de SECONDE MINEURE, QUARTE JUSTE et SIXTE MI _ _NEURE.

La dissonnance (septième) de cet accord doit toujours être préparée. C'est, du reste, un accord d'une grande dureté et d'un emploi très rare dans l'accompagnement du plain-chant, d'abord à cau_ se de sa dureté même et ensuite parcequ'il est difficile à employer à cause de sa resolution qui se fait sur la quinte inférieure diminuée avec l'accord de septième de seconde du mode mineur, ce der_ _nier faisant lui même sa résolution sur la dominate du même mode mineur. De fait on module donc du ton majeur dans son relatif mineur.

Le voici dans son état direct et ses trois renversemens, avec la préparation et la résolution.

Ceux qui font la gamme mineure avec la sixte mineure trouveront le même accord de septième ma_ _jeure sur le sixième degré de cette gamme. Dans ce cas il n'y a rien de changé dans sa résolution, mais la préparation est différente en ce qu'elle a lieu par le mineur et, de fait, il n'y a alors plus de modution puisqu'on reste dans le même ton. En voici un exemple.

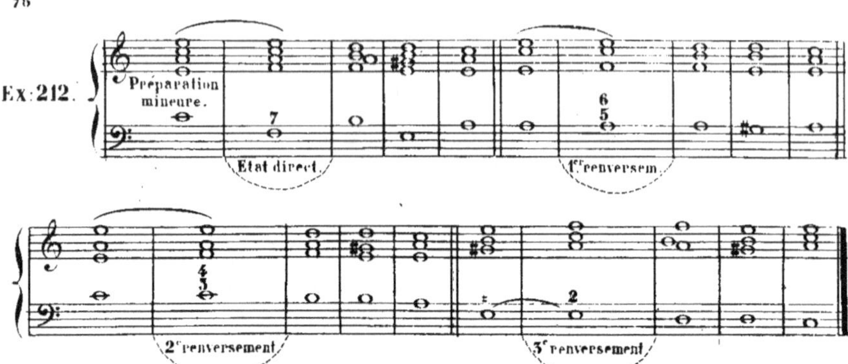

Cet accord peut cependant faire sa résolution sur la tierce mineure inférieure quand il est em_ _ployé dans son état direct ; dans ce cas, en partant d'un ton majeur on reste dans le même ton, et en partant d'un ton mineur on module dans son relatif majeur.

Ex: 213.

C'est même de cette dernière manière qu'on trouve le plus souvent à l'employer ; en voici quel_ ques exemples, mais un autre accord, plus naturel et moins dur, fera toujours meilleur effet.

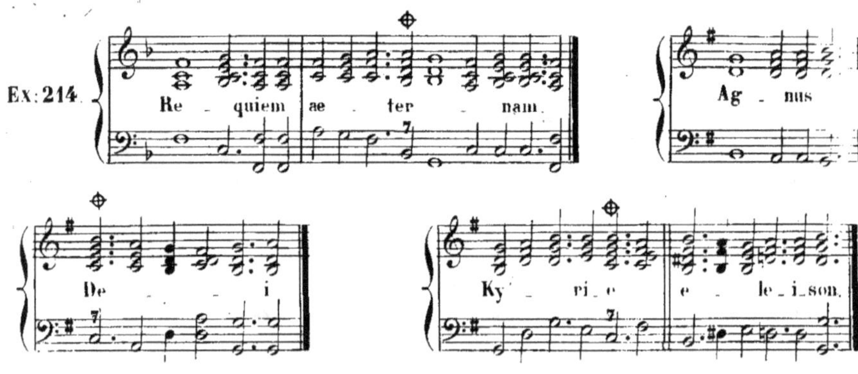

C. L'accord de septième construit sur le cinquième degré du mode majeur ou mineur n'est autre que L'ACCORD DE SEPTIÈME DE DOMINANTE que nous connaissons et que employons depuis le chapitre 5.me C'est l'accord le plus fréquemment employé après l'accord parfait; c'est aussi celui des accords dissou__nans dont l'emploi est le plus facile et fait le meilleur effet.

D. L'accord de septième construit sur le septième degré de la gamme majeure est composé de TIER__CE MINEURE, QUINTE DIMINUÉE et SEPTIÈME MINEURE. On l'appelle ACCORD DE SEPTIÈME DE SENSIBLE DU MODE MAJEUR OU ACCORD DE SEPTIÈME MIXTE parcequ'il est absolument pareil à celui du second degré de la gamme mineure que nous apprendrons à connaître immédiatement après. Ces deux accords, quoique pareils, comme on le verra, diffèrent entre eux dans leur emploi et leur résolution.

Dans son état direct on le chiffre par $\frac{7}{5}$ avec le 5 barré, pour indiquer que la quinte est dimi__nuée. Il fait sa résolution sur l'accord parfait de la tonique.

Son premier renversement se compose de TIERCE MINEURE, QUINTE PARFAITE et SIXTE MAJEURE. Dans ce renversement la basse doit monter d'un degré pour éviter la quinte consécutive qui aurait lieu si elle des__cendait.

Le second renversement se compose de TIERCE MAJEURE, QUARTE AUGMENTÉE et SIXTE MAJEURE. Dans ce renversement la basse doit descendre d'un degré.

Son troisième renversement se compose de SECONDE MAJEURE, QUARTE JUSTE et SIXTE MINEURE. Ce ren__versement fait un effet désagréable et ne peut guère s'employer sans préparation, tandis que dans l'état direct et les deux premiers renversemens de l'accord cette préparation n'est pas nécessaire.

La septième doit toujours être placée à la partie supérieure; cet accord est donc exclusivement destiné à accompagner le sixième degré de la gamme, exepté dans le 3.me renversement qui est très rarement employé.

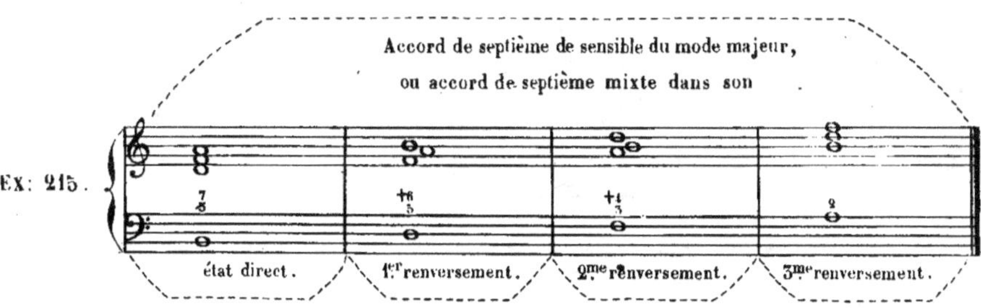

Voici le même accord avec ses résolutions dans les différents renversemens.

Dans son état direct on retranche souvent
la TIERCE, l'effet en est plus agréable   EX: 217.

La résolution de cet accord peut aussi avoir lieu sur l'accord de septième de dominante du ton
dans lequel on est; on se sert même très souvent de cette manière de le résoudre.

EX: 218.

Voici quelques exemples de l'emploi de cet accord dans l'accompagnement du plain chant.

E. L'accord de septième construit sur le deuxième degré de la gamme mineure est absolument
pareil à celui du septième degré de la gamme majeure sous le rapport des notes et des intervalles
dont il est composé, mais il en diffère complétement sous le rapport de son emploi et de sa résolution.

On l'appelle ACCORD DE SEPTIÈME DE SECONDE DU MODE MINEUR. Ses renversemens sont aussi pareils à ceux
de l'accord de septième de sensible et se chiffrent de la même manière. La dissonnance (*septième*) doit être
préparée et sa résolution se fait sur l'accord parfait ou sur l'accord de septième de la dominante. Dans
les 1er et 2me renversemens sa résolution se fait souvent sur l'accord de 6/4 du ton dans lequel on est; on peut
aussi donner cette résolution à son état direct, mais on l'emploie plus rarement.

Si l'accord de septième construit sur le septième degré de la gamme majeure ne s'emploie que
dans le mode majeur, celui qui nous occupe ne s'emploie, à son tour, que dans le mode mineur.

Dans le mode mineur il semble moins dur que dans le mode majeur, aussi l'emploie-t-on très sou_
_vent dans son état direct, dans ses trois renversemens et dans toutes ses positions.

Voici un tableau qui pourra être utilement consulté et qui le représente dans son état direct, ses
renversemens et ses différentes positions, avec la préparation et ses différentes résolutions.

Etat direct résolu sur l'accord parfait de la dominante.
LA, préparation. LA, dissonnance. SOL♯, résolution.

Ex: 220.

Etat direct résolu sur l'accord de septième de dominante.

Premier renversement résolu sur l'accord parfait de la dominante.

Premier renversement résolu sur l'accord de septième de dominante.

Premier renversement résolu sur l'accord de quarte et sixte.

Deuxième renversement résolu sur l'accord parfait de la dominante.

Second renversement résolu sur l'accord de septième de dominante.

Second renversement résolu sur l'accord de quarte et sixte.

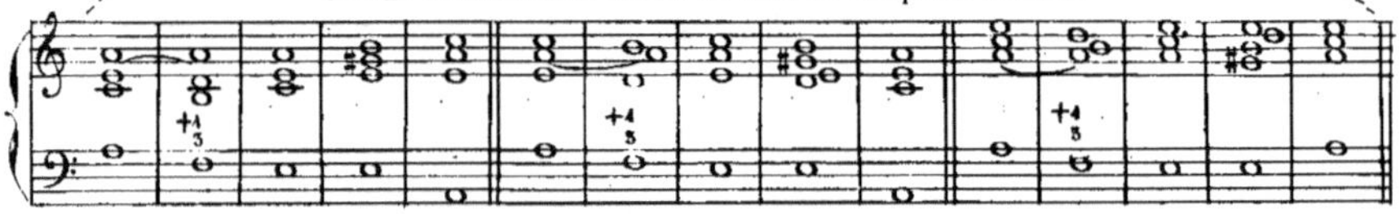

Troisième renversement résolu sur l'accord parfait de la dominante.

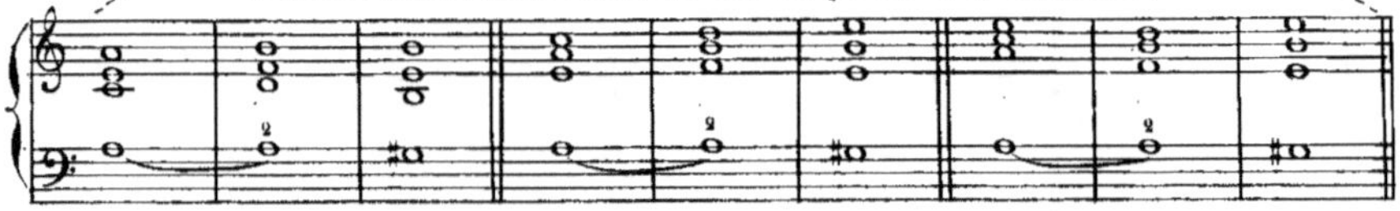

Troisième renversement résolu sur l'accord de septième de dominante.

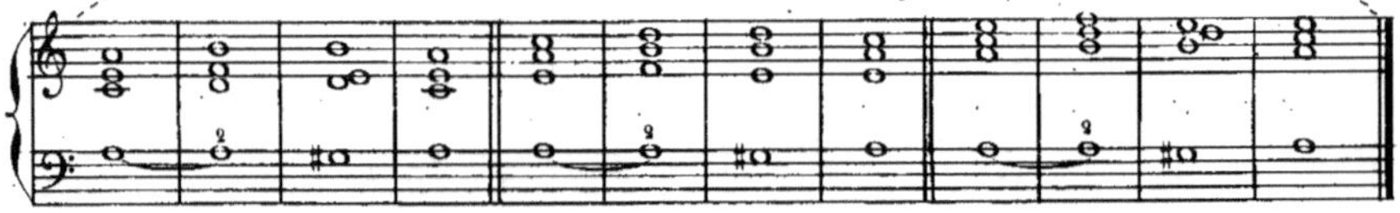

On voit, par l'analyse de ce tableau, combien il est facile de trouver à employer cet accord qui fait, dans le mode mineur, un excellent effet. Dans le mode majeur il ne peut s'employer que quand la dissonance est à la partie supérieure, c'est-à-dire qu'il ne peut accompagner que le 6me degré de la gamme majeure et dans une seule position; tandis que dans le mode mineur il peut accompagner les 2me, 4me, 6me et 8me degrés, et cela dans tous ses renversemens et toutes ses positions.

Voici quelques exemples de son emploi dans l'accompagnement du plain chant; un élève intelligent trouvera facilement à l'employer dans les positions et les renversemens qui ne se trouvent pas dans l'exemple suivant.

F. L'accord de septième construit sur le 7.me degré *(note sensible)* du mode mineur est composé de TIERCE MINEURE, QUINTE DIMINUÉE et SEPTIÈME DIMINUÉE. On l'appelle ACCORD DE SEPTIÈME DE SENSIBLE DU MODE MINEUR, ou plus communément ACCORD DE SEPTIÈME DIMINUÉE. Dans son état direct il se chiffre par un sept barré (⧸7) pour indiquer que la septième est diminuée.

Son premier renversement se compose de TIERCE MINEURE, QUINTE DIMINUÉE et SIXTE MAJEURE. Il se chiffre par $\frac{+6}{5}$ et on le nomme ACCORD DE SIXTE SENSIBLE AVEC QUINTE DIMINUÉE. Employé dans ce premier renversement la basse doit toujours monter d'un degré pour éviter la quinte consécutive, quand la résolution se fait sur l'accord parfait majeur ou mineur. En se servant des autres résolutions la quinte consécutive n'a pas lieu.

Son deuxième renversement se compose de TIERCE MINEURE, QUARTE AUGMENTÉE et SIXTE MAJEURE. Il se chiffre par $\frac{+4}{3}$ et on le nomme ACCORD DE TRITON AVEC TIERCE MINEURE.

Son troisième renversement se compose de SECONDE AUGMENTÉE, QUARTE AUGMENTÉE et SIXTE MAJEURE. Il se chiffre par +2 ou $\frac{+4}{+2}$ et on le nomme ACCORD DE SECONDE AUGMENTÉE.

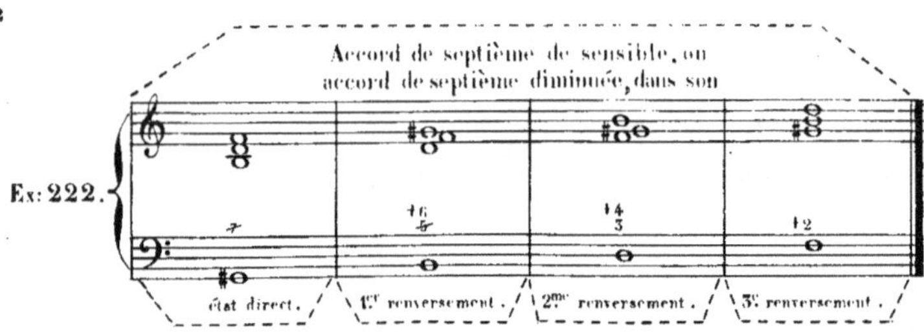

La septième (*dissonnance*) n'a pas besoin d'être préparée.

Cet accord a plusieurs résolutions et s'emploie dans le mode majeur aussi bien que dans le mode mineur. Sa résolution la plus ordinaire se fait sur l'accord parfait mineur ou majeur de la tonique; il se résout aussi sur la septième de dominante et enfin sur l'accord de quarte et sixte du mode mineur qui a un accident DE MOINS, ou du mode majeur qui a deux accidents DE PLUS, quand il est dans son état direct ou dans le premier renversement. Dans le deuxième renversement cette dernière résolution se fait sur l'accord parfait majeur ou mineur dans son état direct; et dans le troisième renversement sur l'accord de sixte.

Le tableau suivant le représente dans les deux modes et avec toutes ses résolutions.

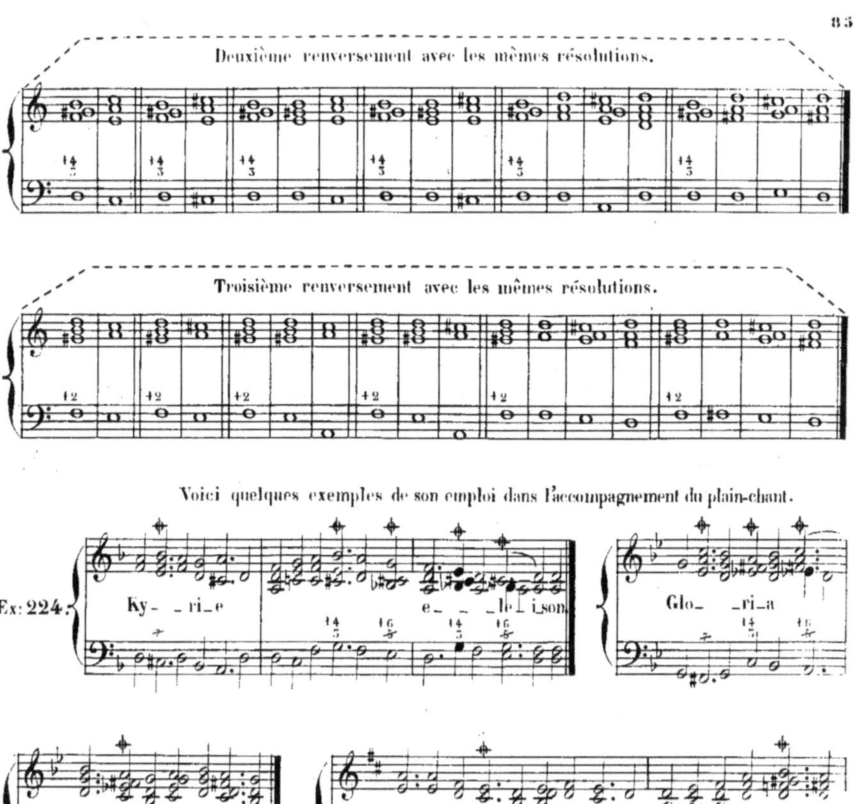
Deuxième renversement avec les mêmes résolutions.
Troisième renversement avec les mêmes résolutions.
Voici quelques exemples de son emploi dans l'accompagnement du plain-chant.
Ex: 224.
Ky _ ri _ e
e _ _ le _ i _ son.
Glo _ ri _ a

in excel_sis De _ o.
Do_mi_ne De_us,Rexcoe_les_tis, De_ _us Pa_ _ter
om_ _ni _ _potens.
Et in ter _ ra pax ho_mi_ni _ bus bo_nae vo_lunta_tis.

Nous connaissons maintenant, et nous savons employer, tous les accords composés de quatre notes contenus dans l'ex: 203; mais il en existe encore un autre que l'on emploie très souvent et qui fait un effet magnifique: c'est l'ACCORD DE SIXTE AUGMENTÉE. Si je n'en ai pas fait mention dans l'ex: 203 c'est que j'ai tenu à ne pas le confondre avec ceux que renferme cet exemple et qui sont tous des ACCORDS DE SEPTIÈMES.

L'ACCORD DE SIXTE AUGMENTÉE se compose de TIERCE MAJEURE, QUINTE PARFAITE et SIXTE AUGMENTÉE. La dissonance (*sixte augmentée*) n'a pas besoin de préparation. Il se place sur le 6.me degré du mode mi_ _neur et fait sa résolution de deux manières: 1.° sur l'accord parfait de la dominante, 2.° sur l'accord de quarte et sixte. On le chiffre par $\frac{\#6}{5}$ ou $\frac{6}{5}$ en faisant précéder le 6 d'un $\#$ ou d'un $\natural$ selon le ton dans lequel on est.

ACCORD DE SIXTE AUGMENTÉE RÉSOLU SUR

l'accord parfait de la dominante.

sur l'accord de quarte et sixte.

EX: 225.

Remarquez que dans la première résolution il y a deux quintes consécutives, mais elles sont tolérées. Du reste si on tient à les éviter on n'aura qu'à supprimer la quinte parfaite, alors l'accord est ré_ _duit à trois notes; on peut encore doubler la tierce qui, dans la résolution de cet accord, peut faire deux mouvemens: descendre d'un demi-ton ou monter d'un ton.

Accord de Sixte augmentée.

EX: 226.

Sans quinte

avec la tierce doublée.

Sur ses trois renversemens un seul est praticable, c'est le premier, encore est il très rarement emplo_ _yé parcequ'il ne fait pas un excellent effet. Mais quand il est dans son état direct il peut être employé dans toutes ses positions et ses résolutions sont toujours les mêmes.

1.re position.

2.me position.

3.me position.

EX: 227.

L'accord de sixte augmentée est aussi employé très souvent en substituant à la quinte parfaite LA QUARTE AUGMENTÉE; dans ce cas sa résolution n'est pas changée et c'est un des moyens le plus souvent employé pour éviter les quintes consécutives.

Accord de sixte augmentée
où la quarte augmentée est substituée à la quinte parfaite.

EX: 228.

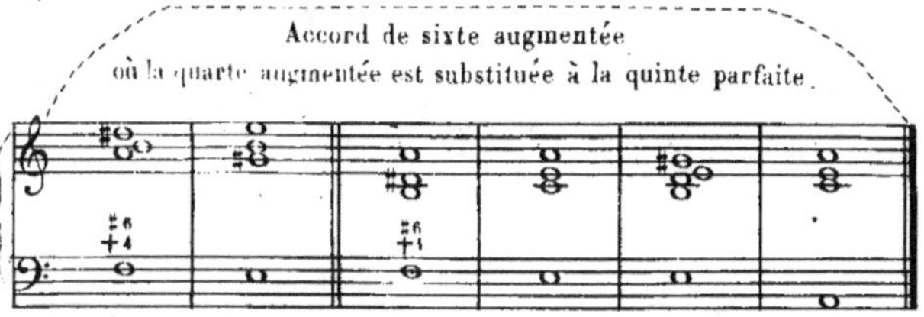

L'accord de sixte augmentée avec quinte parfaite peut être suivi du même accord avec quarte augmentée, et réciproquement.

EX: 229.

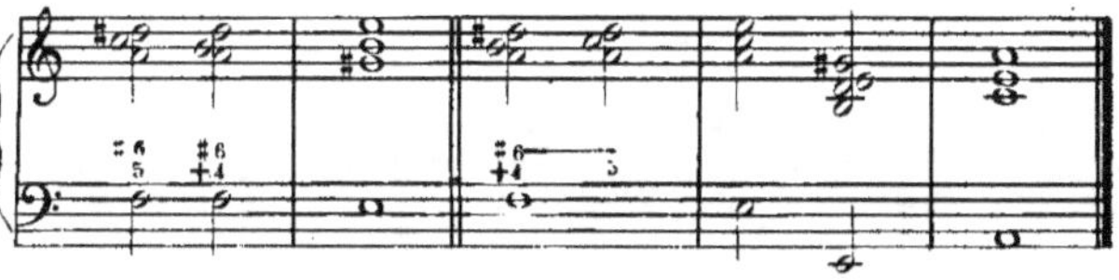

Cet accord s'emploie également dans le mode majeur et aussi sur le sixième degré de ce mode, mais dans ce cas ce 6me degré doit être baissé d'un demi ton; ainsi en do majeur ce n'est pas sur LA NATUREL mais sur LA BÉMOL qu'on devra l'employer. Du reste il n'y a rien de changé dans sa résolution et on peut l'employer avec la quinte parfaite ou avec la quarte augmentée indistinctement, comme dans le mode mineur.

EX: 230.

Voici quelques phrases de plain-chant dans lesquelles cet accord se trouve employé.

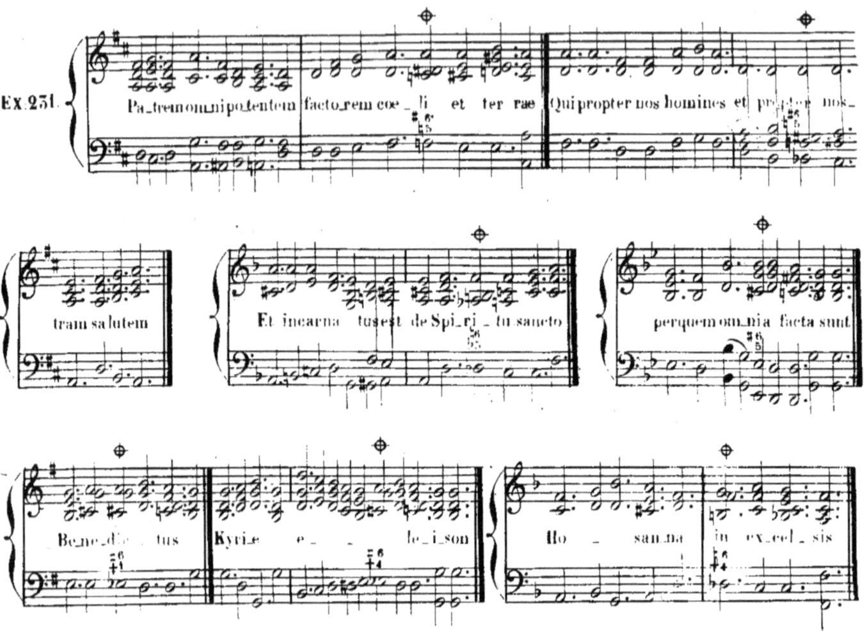

L'accord de sixte augmentée avec quarte augmentée peut aussi être résolu sur l'accord de septiè_
_me de dominante, dans les deux modes. Dans ce cas la sixte, au lieu de monter, descend d'un demi ton

3º ACCORDS COMPOSÉS DE CINQ NOTES.

Il n'y a que deux accords composés de cinq notes et on les nomme ACCORDS DE NEUVIÈME. On les trou_
_ve en supperposant cinq notes, de tierce en tierce, sur la dominante du mode majeur ou mineur

Celui du mode majeur prend le nom d'ACCORD DE NEUVIÈME MAJEURE DE DOMINANTE et se compose
de TIERCE MAJEURE, QUINTE PARFAITE, SEPTIÈME MINEURE et NEUVIÈME MAJEURE. Il s'emploie sans prépara_
_tion et fait sa résolution sur la tonique; la septième et la neuvième étant dissonnantes ont besoin d'une
résolution et pour cela descendent chacune d'un degré; elles peuvent descendre ensemble (A) ou séparé_
ment (B), mais dans ce dernier cas la neuvième doit descendre la première. Quelquefois aussi on em
_ploie cet accord sans quinte (C) et de cette façon il est même d'un effet meilleur et plus doux. On
le chiffre par $\frac{9}{7}$

EX: 233.

L'accord de neuvième du mode mineur prend le nom d'ACCORD DE NEUVIÈME MINEURE DE DOMINANTE;
il se pose sur la dominante de la gamme mineure et se compose de TIERCE MAJEURE, QUINTE PARFAITE,
SEPTIÈME MINEURE et NEUVIÈME MINEURE. Sa résolution est en tout semblable à celle de l'accord du mo_
_de majeur.

EX: 234.

Remarquez que cet accord ne peut servir qu'à accompagner le 6.me degré de chaque mode quand il
descend au cinquième. On peut cependant l'employer aussi quand le sixième degré monte au septième,
mais alors sa résolution se fait sur l'accord de septième de dominante qui doit être lui même résolu
sur la tonique.

EX: 235.

Ces accords ne s'emploient pas dans leurs renversemens à cause de leur dureté. Cette dureté provient de ce que, dans les renversemens, la tonique se trouve entre la septième et la neuvième. Quelques auteurs (REICHA *et* CATEL *par exemple*) admettent les renversemens de cet accord, mais en sup_primant la tonique, cause du mauvais effet. Mais, une fois la tonique supprimée, l'accord de neuvième n'est plus autre chose que l'accord de septième construit sur le 7me degré des modes majeur et mineur, (Ex. 215 *et* 222). Il faut donc, pour qu'il y ait accord de neuvième, que la tonique soit à la basse et la neuvième dans la mélodie.

Voici quelques exemples de son application dans l'accompagnement du plain chant.

Nous connaissons maintenant, et nous savons employer, tous les accords dont on se sert dans la science harmonique. Avant de clore cet important chapitre je demanderai une dernière fois à ceux qui l'auront étudié consciencieusement ce qu'il peut y avoir d'irréligieux et de trop mondain dans l'emploi de ces différents accords dans l'accompagnement du plain chant? Je le répète, à mes yeux l'emploi de toutes ces richesses harmoniques ne le rend que plus majestueux, plus no_ _ble et plus grave, et je ne puis fonder que sur l'ignorance ou la mauvaise volonté la ma_ _nière de voir de ceux qui ne veulent employer que la suite sèche et monotone des accords parfaits.

CHAPITRE XII.

DES CADENCES.—CADENCE PARFAITE.—CADENCE IMPARFAITE.—
CADENCE ROMPUE.—CADENCE PLAGALE.—OBSERVATIONS SUR
L'ACCORD DE SIXTE (*premier renversement des accords construits
sur le deuxième degré du mode majeur et mineur*) EMPLOYÉ DANS LES CADENCES.

On nomme CADENCES de certaines formules musicales qui font pressentir à l'auditeur la fin d'une phrase ou d'un membre de phrase musicale.

Il y a quatre espèces de cadences: 1º LA CADENCE PARFAITE; 2º LA CADENCE IMPARFAITE, nommée aussi DEMI_CADENCE; 3º LA CADENCE ROMPUE, nommée aussi CADENCE ÉVITÉE OU INTERROMPUE; 4º LA CA_DENCE PLAGALE.

Une cadence est parfaite toutes les fois que la phrase musicale finit sur l'accord parfait de la tonique; ce dernier accord doit toujours être dans son état direct et invariablement précédé de l'accord de la dominante auquel on ajoute très souvent la septième.

La cadence parfaite peut avoir lieu dans les deux modes, c'est-a-dire que l'accord parfait qui la finit peut être majeur ou mineur; mais l'accord de la dominante qui le précède doit être majeur dans les deux cas.

EX: 237.

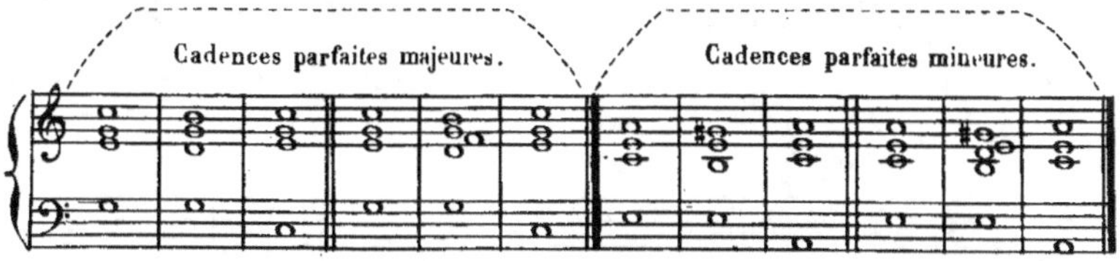

Une cadence est imparfaite quand le repos, au lieu d'avoir lieu sur l'accord parfait de la tonique, a lieu sur l'accord parfait de la dominante. Ce dernier doit toujours être majeur et sans renversement quel que soit le mode dans lequel ait lieu la demi_cadence.

On l'appelle cadence imparfaite ou demi_cadence parcequ'elle n'exprime pas un repos complet et que l'oreille n'est satisfaite que quand elle a entendu la cadence parfaite après la demi cadence.

EX: 258.

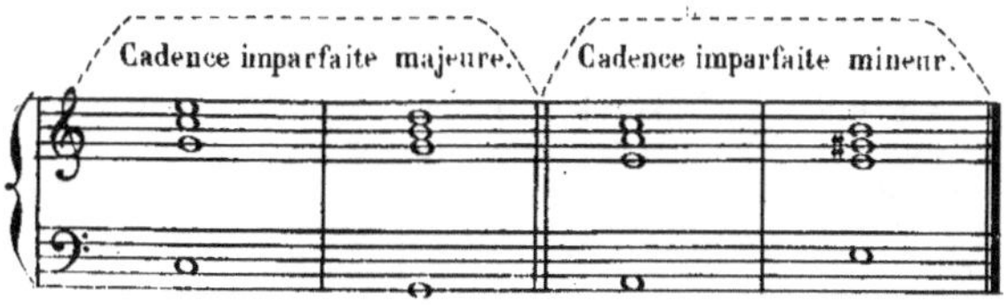

Une cadence est rompue quand on ne donne pas à l'accord parfait ou à l'accord de septième de la dominante sa résolution naturelle sur la tonique. Elle fait un excellent effet quand on sait s'en servir bien à propos; c'est le meilleur moyen de prolonger une phrase que l'on croyait finie puisqu'il ne manquait plus, pour cela, que l'accord parfait de la tonique. De plus, en évitant cet accord parfait auquel on s'attendait, on réveille l'attention de l'auditeur.

EX: 239.

Cadences rompues majeures. — Cadences rompues mineures.

Il y a cadence plagale quand l'accord parfait de la sous-dominante est résolu sur l'accord parfait de la tonique; cette cadence est très peu employée dans la musique ordinaire, mais elle est d'un effet religieux et majestueux dans la musique d'église et dans la musique religieuse en général, aussi l'y emploie-t-on fréquemment. On l'emploie ordinairement après la cadence parfaite en ralentissant un peu le mouvement.

EX: 240.

Cadences plagales majeures. — Cadences plagales mineures.

La cadence parfaite la plus usitée et par cela même la plus commune est la suivante:

EX: 241.

Cadence parfaite majeure. — Cadence parfaite mineure.

Elle se compose, comme on le voit, de cinq accords: 1° l'accord parfait du ton dans lequel on est; 2° de l'accord de sixte (ou *premier renversement des accords construits sur les* 2mes *degrés des modes majeur et mineur*); 3° de l'accord de quarte et sixte du ton dans lequel on est; 4° de l'accord de septième de dominante; 5° enfin de l'accord parfait dans son état direct faisant la résolution de l'accord précédent.

Le second de ces accords, l'accord de sixte, a besoin d'une explication particulière. Dans le mode majeur c'est le premier renversement de l'accord parfait construit sur le deuxième degré de la gamme du ton dans lequel on est; dans le mode mineur c'est le premier renversement de l'accord de quinte diminuée construit également sur le deuxième degré de la gamme mineure du ton dans lequel on est. Cela est généralement connu; mais ce que beaucoup ignorent c'est que DANS LE MODE MAJEUR LA TIERCE DE CET ACCORD DOIT ÊTRE MAJEURE, TANDISQUE DANS LE MODE MINEUR ELLE DOIT ÊTRE MINEURE. Ce qui me décide à faire cette observation c'est que j'ai souvent entendu des organistes employer dans cet accord la tierce majeure dans le mode mineur; ainsi ils font la cadence mineure de la manière suivante, avec FA ♯ dans l'accord de sixte au lieu de FA ♮ qui rend la tierce mineure.

Je sais bien que s'ils réfléchissaient à la qualité de l'accord ils ne feraient point cette faute, mais la plupart ne s'en rendent pas compte ou l'emploient sans le connaître. L'un d'eux, auquel j'en faisais l'observation, m'a répondu, croyant être dans la vérité, qu'on lui avait appris à faire la gamme mineure avec la sixte majeure; il oubliait que cette sixte, dans la gamme, n'est haussée qu'accidentellement et que, dans le fait, LA MINEUR est relatif de DO MAJEUR et n'a par conséquent aucun accident à la clef. Du reste cette raison n'en est pas une dans la chose en question.

Voici maintenant quelques-unes des formules les plus usitées pour les cadences dans les deux modes.

CADENCES PARFAITES DANS LE MODE MAJEUR.

CADENCES PARFAITES DANS LE MODE MINEUR.

CADENCES IMPARFAITES DANS LE MODE MAJEUR.

CADENCES IMPARFAITES DANS LE MODE MINEUR.

CADENCES ROMPUES DANS LE MODE MAJEUR.

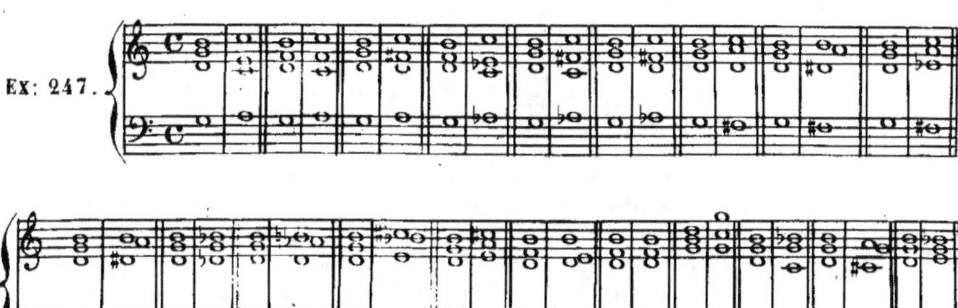

CADENCES ROMPUES DANS LE MODE MINEUR.

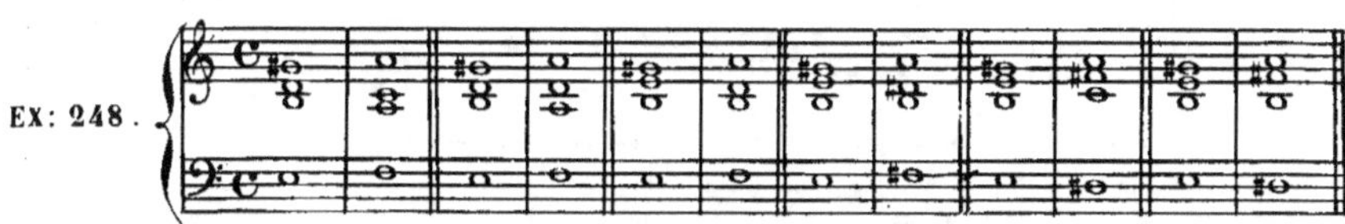

CADENCES PLAGALES DANS LE MODE MAJEUR.

CADENCES PLAGALES DANS LE MODE MINEUR.

EX: 250.

J'engage les élèves, 1° à reproduire ces différentes cadences dans les autres positions; 2° à les transposer dans d'autres tons; 3° à s'exercer d'en trouver de nouvelles, et 4° à achever les cadences rompues en ajoutant la cadence parfaite.

Toutes les cadences parfaites peuvent être changées en demi-cadences, il suffit, pour cela, de supprimer le dernier accord; mais il faut que l'avant dernier accord de la cadence parfaite soit un accord parfait et non un accord de septième de dominante.

EX: 251.

Toutes les demi-cadences peuvent être changées en cadences parfaites, il suffit, pour cela, d'ajouter l'accord parfait de la tonique sans renversement, ou ajouter la septième à l'accord qui fait la demi-cadence, alors la cadence parfaite se fait forcément.

EX: 252.

Toutes les cadences parfaites peuvent être changées en cadences rompues, il suffit, pour cela, de renverser l'accord final ou de le changer.

EX: 253.

Les cadences parfaites peuvent être affaiblies en mettant dans la partie supérieure de l'ac_
_cord final la tierce ou la quinte au lieu de la tonique.

Quand on finit un morceau par une pédale il faut toujours que cette pédale soit précédée
d'une cadence parfaite.

Voici une suite d'exemples tirés du graduel avec l'indication de la nature de la cadence.

Cadence parfaite majeure
Cadence plagale majeure
Cadence rompue majeure
Cadence rompue
Sanc _ _ tus Sanc _ _ tus Sanc _ _ tus Do _ mi _ nus De _ us
Cadence parfaite
Sa _ _ _ baoth.
demi ca _ dence.
Cadence parfaite affaiblie par la tierce.
Ky _ ri _ e e _ le _ i _ son.
application de l'ex: 202.
cadence rompue.
Christe e _ le _ i _ son.
cadence rompue.
cadence parfaite.
Et in ter _ ra pax ho _ mi _ ni _ bus
Cadence plagale.
bonae vo _ lun _ ta _ tis.
Cadence plagale.
Cadence parfaite.
Et in Spiritum Sanctum Domi _ num
Cadence plagale.
A _ men.

CHAPITRE XIII.

DES SUSPENSIONS (*ou retardements*).—DE L'ANTICIPATION.—DE LA PÉDALE .

On peut, en harmonie, prolonger une note d'un accord dans l'accord suivant; cette note prolon_ .gée produit naturellement une dissonnance et cette dissonnance prend le nom de SUSPENSION OU RE_ .TARDEMENT.

Les suspensions (ou retards) peuvent avoir lieu de trois manières: 1° en passant d'un accord con_ .sonnant à un autre accord consonnant; 2° en passant d'un accord consonnant à un accord dissonnant; 3° en passant d'un accord dissonnant à un accord consonnant.

Toute suspension doit être précédée d'une préparation et suivie d'une résolution, d'où il résulte que trois accords sont nécessaires pour l'emploi d'une suspension; le premier contient la prépara_ .tion, le second la suspension et le troisième la résolution. Très souvent cependant deux accords suffi_ .sent pour l'emploi d'une suspension, le plus souvent même on ne se sert que de ce nombre; dans ce cas la préparation a lieu dans le premier accord, la suspension et la résolution dans le second.

La préparation et la résolution doivent être notes réelles chacune dans leur accord; la suspension est note accidentelle dans le sien (1).

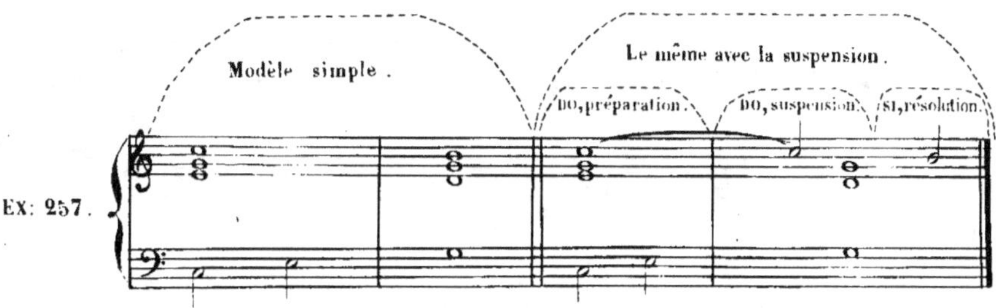

En analysant cet exemple on voit que le DO du premier accord sert de préparation et qu'il est prolongé jusque sur l'accord parfait suivant où on l'entend à la place du SI; il suspend, il retarde donc l'audition de ce SI, mais il ne le remplace que momentanément car, pour que l'oreille soit satisfaite, il faut que ce SI serve de résolution au DO prolongé en se faisant entendre immédiatement après.

(1) La note RÉELLE fait partie de l'accord tandis que la note ACCIDENTELLE ou de passage y est étrangère Dans un traité d'harmonie appliqué à la musique ordinaire le chapitre des notes de passage est un des plus im_ -portans; dans ce traité, appliqué exclusivement à l'étude de l'accompagnement du plain chant, il devient inuti_ _le puisque chaque note du chant a son accord, son harmonie propre.

98   Les suspensions le plus ordinairement employées dans l'accompagnement du plain _chant sont: 1°
LA TIERCE RETARDÉE PAR LA QUARTE ; 2° LA SIXTE RETARDÉE PAR LA SEPTIÈME; 3° L'OCTAVE RETARDÉE PAR
LA NEUVIÈME.

    Ces suspensions peuvent avoir lieu non seulement dans la partie supérieure, mais dans toutes les
autres parties. Les trois exemples suivans représentent les suspensions de la tierce, de la sixte et
de l'octave dans les quatre parties.

SUSPENSION DE LA TIERCE SUR LA QUARTE.

SUSPENSION DE LA SIXTE SUR LA SEPTIÈME.

SUSPENSION DE L'OCTAVE SUR LA NEUVIÈME.

EX: 261.

On peut aussi retarder la sixte augmentée dans l'accord de ce nom, soit avec quinte parfaite, soit avec quarte augmentée, mais dans l'accompagnement du plain-chant on trouve plus rarement l'occasion de l'employer.

SUSPENSION DE LA SIXTE AUGMENTÉE (*avec quinte parfaite*) SUR LA SEPTIÈME MAJEURE.

EX: 262.

SUSPENSION DE LA SIXTE AUGMENTÉE (*avec quarte augmentée*) SUR LA SEPTIÈME MAJEURE.

EX: 263.

J'ai donné aux exemples 258 à 261 les suspensions les plus usitées en passant d'un accord con_ _sonnant à un autre accord consonnant; dans l'ex: suivant je les donne en passant d'un accord consonnant à un accord dissonnant

SUSPENSION DE LA TIERCE EN PASSANT D'UN ACCORD CONSONNANT À UN ACCORD DISSONNANT.

EX: 264.

SUSPENSION DE LA NOTE FONDAMENTALE OU DE SON OCTAVE EN PASSANT D'UN ACCORD CONSONNANT À UN ACCORD DISSONNANT.

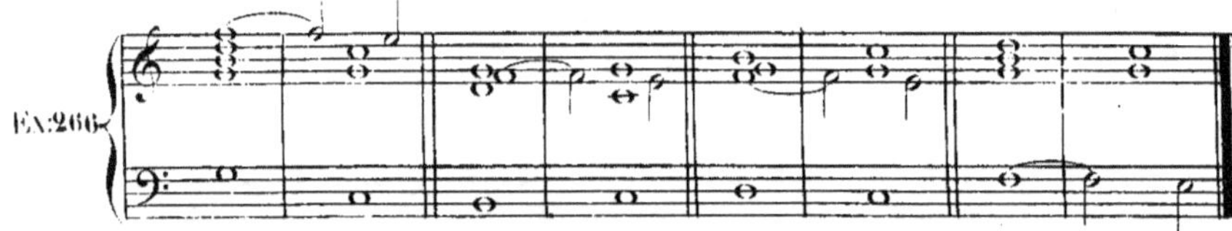

EX. 265.

Voici les mêmes suspensions en passant d'un accord dissonnant à un accord consonnant.

SUSPENSION DE LA TIERCE EN PASSANT D'UN ACCORD DISSONNANT À UN ACCORD CONSONNANT.

EX. 266.

SUSPENSION DE L'OCTAVE EN PASSANT D'UN ACCORD DISSONNANT À UN ACCORD CONSONNANT.

EX. 267.

Nous n'avons employé jusqu'à présent, dans tous les exemples, que deux accords, et la suspension comme la résolution avaient lieu sur le second; voici maintenant quelques-uns des cas les plus usités avec trois accords; alors la suspension a lieu sur le second et la résolution sur le troisième.

EX. 268.

Le plus ordinairement les suspensions sont simples, c'est à dire qu'on ne retarde qu'une seule note; on peut cependant en suspendre deux, trois et même quatre, mais ces suspensions sont beaucoup plus rares et plus difficiles à employer; de plus elles ne peuvent avoir lieu que quand la note fonda_ mentale est à la basse. En voici quelques exemples.

Souvent, quand la tierce a été suspendue par la quarte, on ne s'en tient pas à la résolution de cette suspension, mais on descend encore d'un degré; cette nouvelle note n'est considérée que comme no_ te de passage, mais elle a besoin de la même résolution que la suspension. On se sert de cette for_ mule dans les demi_cadences et dans les cadences parfaites, mais surtout dans les dernières. En voici quelques exemples.

Voici quelques exemples de suspensions dans un morceau de plain-chant.

DE L'ANTICIPATION. On appelle ANTICIPATION la marche d'une note qui, appartenant à l'accord suivant, se fait déjà entendre dans l'accord précédent; c'est donc une note accidentelle. On fait rarement usage de l'anticipation parcequ'en général elle ne produit pas un effet agréable.

L'anticipation a lieu le plus ordinairement quand on passe de l'accord de septième de dominante à l'accord parfait, et réciproquement. On peut anticiper une ou plusieurs notes. Les notes anticipées doivent, en général, avoir une valeur brève et elles doivent être notes réelles de l'accord suivant.

On peut anticiper les notes de la basse aussi bien que celles de la main droite. Dans l'exemple suivant les notes et les accords marqués de ce signe ⊕ sont anticipés.

Dans l'accompagnement du plain-chant les anticipations ne peuvent avoir lieu qu'en passant d'une note longue, caudée ou pointée à une brève ou tout au moins à une carrée. En voici quelques exemples.

De la pédale. En harmonie on nomme pédale l'emploi de la tonique ou de la dominante à la partie la plus grave. Mais pour qu'il y ait véritablement pédale il faut que cette tonique ou cette dominan te soit tantôt note réelle, tantôt note accidentelle des accords qui passent par-dessus, car si elle é_ tait toujours note réelle elle ne serait que basse fondamentale ou renversée.

Il n'y a rien de déterminé quant à la durée d'une pédale, non plus qu'à la succession des accords qui font qu'elle est tantôt note réelle, tantôt note accidentelle; il faut cependant qu'elle soit note réel le de l'accord avec lequel elle commence et de celui avec lequel elle finit.

On peut faire entendre sur cette pédale tous les accords que l'on peut employer dans le même ton: on peut même moduler pendant sa durée, mais seulement dans les tons relatifs et très passagère_ ment de manière à ne jamais faire perdre à l'auditeur l'idée et le souvenir du ton auquel appartient la pédale.

Dans les deux exemples suivans la tonique et la dominante ne sont pas considérées comme pé_
dales parcequ'elles sont toujours notes réelles des accords.

TONIQUE n'étant pas considérée comme pédale parcequ'elle est note réelle de tous les ac_
cords

DOMINANTE n'étant pas considérée comme pédale parcequ'elle est note réelle de tous les ac_
cords.

Dans les deux exemples suivans, au contraire, la tonique et la dominante sont pédales véritables par_
cequ'elles paraissent tantôt comme note réelle, tantôt comme note accidentelle des accords; ces der_
niers cas sont marqués de ce signe ⊕.

La pédale ne doit pas, du reste, être considérée comme la basse véritable des accords ni, par consé_
quent, être traitée comme telle: la basse véritable, dans ce cas, est toujours la note la plus grave au_
dessus de la pédale.

Il ne faut pas non plus considérer comme pédales des notes intérieures ou supérieures tenues pendant un certain nombre de mesures; ainsi les DO et les SOL, simples ou doubles, dans les exemples suivants, sont de simples TENUES et non pas des pédales.

Daus l'accompagnement du plain_chant la pédale de la tonique est d'un emploi fréquent et facile;
l'emploi de la pédale de la dominante est beaucoup plus rare. Comme simple tenue, au contraire, la domi_
nante est employée très souvent. En voici quelques exemples.

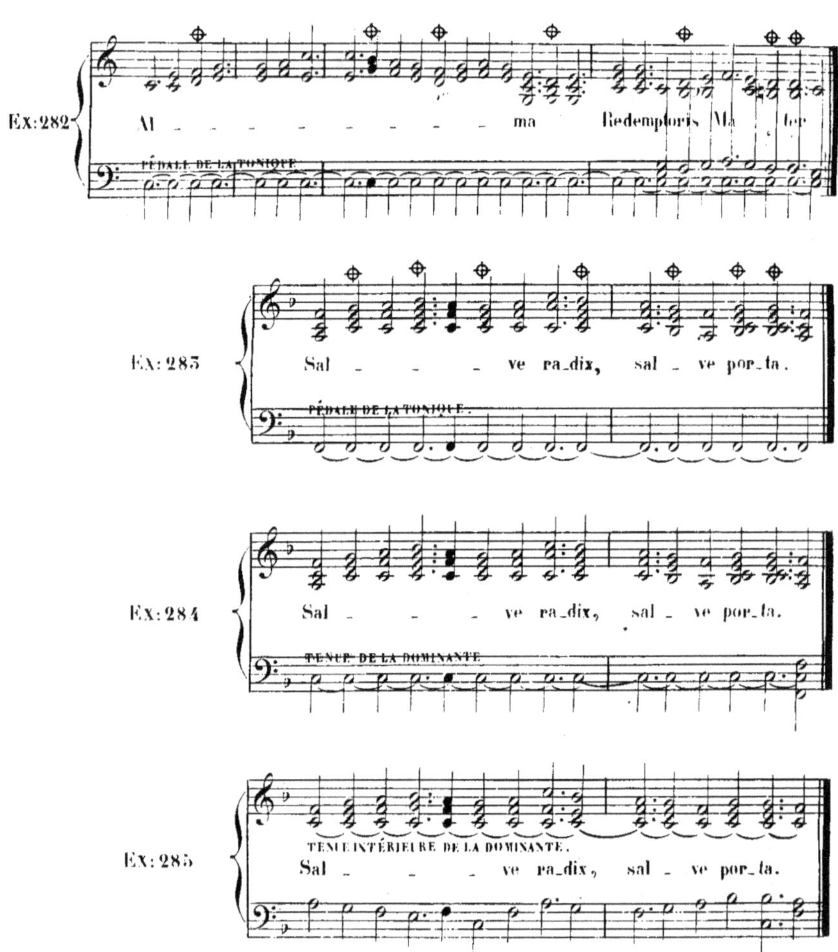

Dans l'ex:282 il y a pédale parceque la tonique UT n'est pas note réelle dans les accords marqués de ce signe ✛ .

Dans l'ex:283 il y a pédale de la tonique pour la même raison .

Dans l'ex:284 les accords sont les mêmes que ceux de l'ex:283, mais la dominante UT n'y est pas considérée comme pédale, mais comme simple tenue parcequ'elle est note réelle dans tous les ac_cords .

Dans l'ex:285 la dominante UT qui faisait tenue à la basse dans l'ex: précédent fait tenue intérieure

Dans l'ex:286 la tonique SOL fait pédale .

Dans l'ex:287 la dominante RÉ fait également pédale parceque dans les deux accords marqués du signe convenu elle n'est pas note réelle .

CHAPITRE XIV.

DE L'ALTÉRATION DE QUELQUES ACCORDS.—DE LA MANIÈRE D'ACCOMPAGNER UN CHANT DONNÉ AVEC DES HARMONIES DIF_FÉRENTES.—HARMONIE DIVISÉE OU DILATÉE.—HARMONIES A PLUS DE QUATRE PARTIES ET EMPLOI DE LA PÉDALE DE L'ORGUE .

DE L'ALTÉRATION DES ACCORDS. Nous savons déjà ce que c'est que l'altération des accords car, dans le chapitre 11me. aux exemples 228, 229 et 230 nous avons altéré l'accord de sixte augmentée en subs tituant la quarte augmentée à la quinte parfaite .

Outre l'accord de sixte augmentée on peut encore altérer de certains intervalles des accords par faits de la tonique, de la dominante et de la sous_dominante, de l'accord de septième de dominante et de l'accord de sixte dans les cadences .

1º On peut altérer, EN MONTANT, la quinte de l'accord parfait majeur de la tonique; cette altération peut avoir lieu dans toutes les parties et dans tous les renversemens . Dans tous les cas cela produit un accord de quinte augmentée qui ne peut se résoudre que sur la quarte supérieure ou sur la quin_te inférieure.

2.° On peut altérer, EN MONTANT, la note fondamentale de l'accord parfait majeur de la tonique, alors l'accord est diminué.

3.° On peut altérer, EN DESCENDANT, la tierce de l'accord parfait majeur de la tonique, alors cet accord devient mineur.

4.° On peut altérer, EN MONTANT, la quinte de l'accord parfait majeur de la dominante, l'accord est alors augmenté et doit se résoudre sur la quinte inférieure ou sur la quarte supérieure.

5º On peut altérer, mais seulement EN DESCENDANT, la tierce de l'accord parfait majeur de la sous-dominante; cet accord devient alors mineur et doit être résolu sur la quarte inférieure ou sur la quinte supérieure.

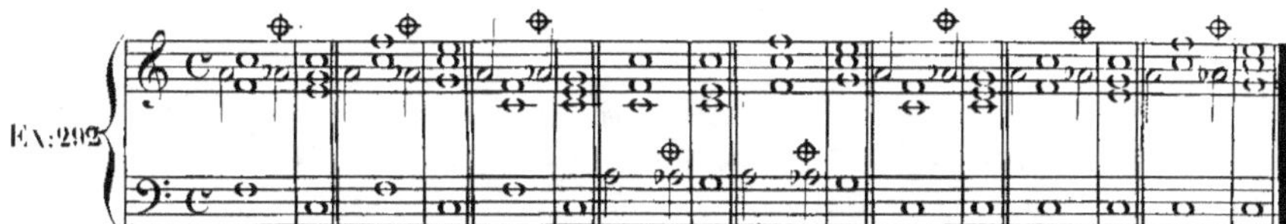

6º On peut altérer, EN MONTANT (mais seulement dans le mode majeur) la quinte de l'accord de septième de dominante.

7º L'altération du même intervalle dans le même accord peut avoir lieu EN DESCENDANT, mais l'effet en est dur et n'est guère praticable que dans le deuxième renversement parcequ'alors il n'est autre chose que l'accord de sixte augmentée avec quarte augmentée.

8º On peut altérer, EN DESCENDANT et dans le mode majeur seulement, la tierce de l'accord de sixte employé ordinairement dans les cadences parfaites.

Il est à remarquer que, dans l'accompagnement du plain-chant, on ne trouve jamais occasion d'employer les altérations dans la partie supérieure parceque, dans ce cas, il y a toujours une suite de deux demi-tons chromatiques, chose qui ne se rencontre pas dans le plain-chant. Voici quelques exemples de leur emploi dans les autres positions et renversemens.

Manière d'accompagner un chant avec des harmonies différentes. — Un chant quelconque peut être accompagné de plusieurs manières différéntes toutés également bonnes; il suffit, pour le comprendre, de se rappeler qu'une note donnée peut faire partie de plusieurs accords tout en restant constamment note réelle. Dans l'exemple suivant l'Ut supérieur fait partie de douze accords différens; il est note réelle dans les onze premiers, et dans le douzième il paraît comme suspension de la tierce sur la quarte.

Ex: 297.

Ce qui est possible pour une seule note l'est également pour une suite de notes formant un chant, une mélodie, et rien n'empêche l'accompagnateur de considérer telle note de ce chant tantôt comme tonique, tantôt comme seconde, comme tierce, quarte, etc; ou bien encore, tout en conservant les mêmes accords, de les mettre dans différens renversemens.

On conçoit aisément quelle variété un accompagnateur peut obtenir par ces moyens et combien il peut, par là, rendre son jeu moins monotone, plus intéressant et plus riche.

Je prends pour exemple les quelques notes formant la formule de la cadence parfaite; toutes les manières dont elles sont accompagnées sont également bonnes. Je n'en donne que les princi_ _pales en engageant les élèves, comme exercice, à en chercher d'autres.

Ex: 298.

Voici quelques exemples tirés des livres de plain-chant;les élèves feront bien deles analyser avec attention, de chercher de nouveaux accompagnements à ces mêmes chants, et de s'exer_ _cer à accompagner de différentes manières d'autres morceaux choisis par eux.

C'est surtout quand on chante des phrases entières sur la même note, comme dans les psaumes, et même tout le psaume sur un chant composé toujours des mêmes notes et à cause de cela très monotone, que l'organiste doit chercher à varier son harmonie pour éviter de rester pen-dant un long quart-d'heure sur le même accord. En voici quelques exemples:

En voici un dernier exemple tiré du TE DEUM.

HARMONIE DIVISÉE ou DILATÉE. — Jusqu'à présent nous avons toujours rapproché les parties accompagnantes le plus possible du chant; c'est la manière d'harmoniser la plus usitée et, dans la pratique, la plus facile pour l'accompagnement du plain-chant.

Mais on peut, dans de certains cas, déroger à cette manière, et éloigner davantage les diffé_ _rentes notes d'un accord les unes des autres.

Dans le premier cas on dit que l'harmonie est SERRÉE; dans le cas nouveau on dit qu'elle est DIVISÉE OU DILATÉE.

On voit, par cet exemple, que les notes sont les mêmes dans les deux cas, seulement la troisième partie de l'harmonie serrée (MI_FA_MI_FA_MI) est devenue la seconde dans l'harmonie divisée TOUT EN RESTANT À SA PLACE; tandisque la seconde partie de l'harmonie serrée (LES 5 SOL) est devenue la troisième dans l'harmonie divisée, MAIS EN LA BAISSANT D'UNE OCTAVE.

Cette nouvelle manière de disposer les différentes parties fait un excellent effet; malheureuse_ _ment l'organiste, n'ayant à sa disposition que ses deux mains qui ne peuvent embrasser, chacune, que l'octave, rarement et difficilement la neuvième ou la dixième, l'organiste, dis-je, ne peut pas profiter de ces nouvelles ressources aussi largement qu'un compositeur qui a à sa disposition tout un orchestre, depuis la contrebasse au grave jusqu'au fifre à l'aigu.

Voici un tableau contenant la manière de diviser l'accord parfait et l'accord de septième. Je n'y fais entrer que les combinaisons qui ne dépassent point l'étendue ordinaire des morceaux de plain-chant.

Ex: 505.

Tous les autres accords, les suspensions, les accords altérés, etc., peuvent être divisés de la même manière ; seulement on ne peut jamais s'écarter des règles qui régissent les accords qu'on ne peut employer sans préparation ou sans résolution.

Voici quelques phrases de plain-chant d'abord avec l'harmonie serrée, ensuite avec l'harmonie dilatée, qui pourront servir d'exemples.

HARMONIE A PLUS DE QUATRE PARTIES. S'il n'est pas possible à l'organiste accompagna-_teur d'obtenir, avec ses deux mains, un grand nombre de combinaisons en se servant de l'har-_monie divisée à quatre parties, il peut racheter amplement ce désavantage en rendant son harmonie plus pleine, plus nourrie, c'est à dire en la mettant à cinq, six sept et même huit parties, ce qu'on obtient en doublant de certaines notes des accords.

Mon but n'est pas ici d'apprendre à traiter l'harmonie à 5, 6, 7 ou 8 parties réelles; il faut faire une distinction essentielle entre l'harmonie doublée et l'harmonie écrite à plus de quatre parties réelles. Dans cette dernière l'observation stricte des règles qui régissent la suite des accords est absolument nécessaire, tandis que dans la première on passe plus facilement sur ces fautes pourvu qu'elles soient cachées ou qu'elles ne soient pas trop criantes.

Il faut cependant éviter, avec un soin tout particulier, de doubler les notes qui ont une résolution forcée et unique quand elles se trouvent à la basse comme, par exemple, la tierce de l'accord parfait, la tierce et la septième de l'accord de septième de dominante. Quand au contraire les accords sont dans leur état direct ou dans leur deuxième renversement on peut, sans inconvénient, doubler toutes les parties. Ainsi les exemples suivans ne sont pas mauvais, quoique la tierce et la septième soient doublées, parceque les accords sont dans leur état direct ou dans leur deuxième renversement.

Ex: 508.

tandis que les suivans sont très mauvais parceque la tierce et la septième se trouvent à la basse:

Ex: 509.

pour qu'ils soient bons il faudrait retrancher, dans les parties supérieures, les notes qui doublent la basse:

Ex: 510.

Les exemples suivans, analysés avec attention, feront mieux comprendre la chose que beaucoup d'explications.

N'oublions pas non plus, comme moyen d'augmenter l'effet, celui qui est employé constamment et par tout le monde dans la pratique et qui consiste à toucher, à la main gauche, l'octave grave ou aigue de la basse fondamentale. Très souvent, dans le plain-chant harmonisé, les basses sont écrites toutes simples comme dans l'exemple suivant:

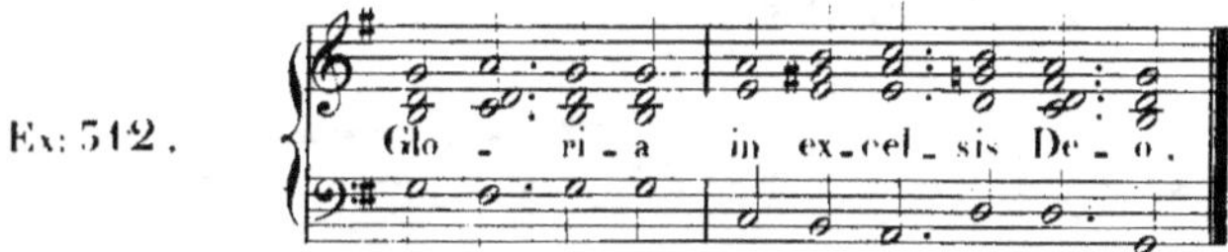

Dans la pratique, au contraire, on les exécute comme si elles étaient écrites doubles quand l'étendue restreinte du clavier de l'orgue ne s'y oppose point.

EMPLOI DE LA PÉDALE DE L'ORGUE. __ Nous arrivons enfin au moyen par excellence, celui de faire les basses fondamentales avec le clavier des pédales. Le plus souvent on entend les orga_ _nistes faire avec les pédales la même note que la main gauche, ou tout au plus son octave grave; on peut cependant leur donner un rôle plus important en les chargeant seules de la véritable basse et en employant la main gauche à doubler l'accord de la main droite.

On peut enfin faire jouer aux pédales un rôle tout à fait à part en leur faisant faire une partie de basse mouvementée, comme dans l'ex: suivant; mais cette manière de les traiter ne fait son effet que quand l'exécution est sans reproches et quand les pédales sont assez puissantes pour faire bien ressortir la partie importante qu'on leur fait jouer. On introduit maintenant, dans les nouvelles orgues, un mécanisme particulier qui accouple le grand orgue aux pédales; dans le cas en question on fera toujours bien de se servir de cette nouvelle combinaison.

Me voici arrivé à la fin de mon ouvrage; il renferme certainement des imperfections, peut-être même des omissions; mais tel qu'il est j'ai la conviction qu'un élève qui l'étudiera avec atten_ _tion et persévérance, un élève qui ne se contentera pas de le lire superficiellement mais qui cherchera à appliquer toutes les règles dans de nouveaux exemples trouvés par lui, parvien_ _dra en peu de temps à accompagner le plain-chant avec facilité et sans les fautes d'harmonie que l'on fait malheureusement encore en si grand nombre.

TABLE DES MATIÈRES.

Imp. LANGLET, rue Cadet 18

www.ingramcontent.com/pod-product-compliance
Lightning Source LLC
LaVergne TN
LVHW012007180726
843502LV00005B/1591